caminatas

NIVEL ELEMENTAL

caminatas
NIVEL ELEMENTAL

VIDEO MANUAL

NATIONAL GEOGRAPHIC LEARNING | HEINLE CENGAGE Learning

© Randy Faris/Corbis

Australia • Brazil • Japan • Korea • Mexico • Singapore • Spain • United Kingdom • United States

HEINLE
CENGAGE Learning·

Caminatas: Nivel elemental

V.P./Editorial Director: PJ Boardman

Publisher: Beth Kramer

Senior Acquisitions Editor: Heather Bradley Cole

Assistant Editor: Claire Kaplan

Editorial Assistant: Dan Cruse

Associate Media Editor: Patrick Brand

Executive Brand Manager: Ben Rivera

Market Development Manager: Courtney Wolstoncroft

Senior Content Project Manager: Aileen Mason

Manufacturing Planner: Betsy Donaghey

Rights Acquisition Specialist: Jessica Elias

Production Service: PreMediaGlobal

Art Director: Bruce Bond

Cover and interior designer: Joel Sadagursky

Cover Image: ©Randy Faris/Corbis

Compositor: PreMediaGlobal

For product information and technology assistance, contact us at
Cengage Learning Customer & Sales Support, 1-800-354-9706

For permission to use material from this text or product, submit all requests online at **www.cengage.com/permissions**
Further permissions questions can be e-mailed to
permissionrequest@cengage.com

Library of Congress Control Number: 2012947899

Student Edition:

ISBN-13: 978-1-285-09121-1

ISBN-10: 1-285-09121-3

National Geographic Learning/Heinle
20 Channel Center Street
Boston, MA 02210
USA

Cengage Learning is a leading provider of customized learning solutions with office locations around the globe, including Singapore, the United Kingdom, Australia, Mexico, Brazil, and Japan. Locate your local office at **international.cengage.com/region**

Cengage Learning products are represented in Canada by Nelson Education, Ltd.

For your course and learning solutions, visit **www.cengage.com.**

Purchase any of our products at your local college store or at our preferred online store **www.cengagebrain.com**

Instructors: Please visit **login.cengage.com** and log in to access instructor-specific resources.

Printed in the United States of America
3 4 5 6 7 16 15 14

Contents

Lucas Brentano/Flickr/Getty Images

To the Student

Welcome to **CAMINATAS**, where you will be exposed to the diversity of the Spanish-speaking world, from the fascinating life style of the gauchos of Argentina to the mysteries of the ancient Mayan civilization of Tikal in Guatemala, from the bustling streets of Barcelona in Spain to the exotic species that inhabit Ecuador's Galápagos Islands. The activities in the Video Manual guide you as you explore the varied content of the videos. The rich visual images in the dazzling video footage and photography of National Geographic will heighten your awareness of the topics presented. As you are visually drawn into the world of Spanish speakers, you will have opportunities to engage in conversation about what you are experiencing. You know intuitively that you are better able to talk and write about what is familiar to you—what you have experienced through sight and sound. Although viewing outstanding photos and film footage cannot replace the experience of traveling and living abroad, it will bring the Spanish-speaking world to you in ways that are certain to leave a lasting impression. It is the hope of the creators of this video and of the Video Manual that the experience of engaging with these materials will infuse in you a curiosity for learning more about the language and culture that you have chosen to study and a desire to make connections with other disciplines in your curriculum.

We wish you a fabulous journey along many exciting **CAMINATAS**. *¡Buen viaje!*

Blake Burton/Flickr/Getty Images

caminatas

NIVEL ELEMENTAL

argentina

Salta
San Miguel de Tucumán
Resistencia
Corrientes
Salado
Uruguay
Córdoba
Mendoza
Santa Fe
Paraná
Rosario
Buenos Aires
La Plata
Neuquén
Mar del Plata
Negro
Bahía Blanca

© National Geographic Maps

Océano Atlántico

Trelew
Comodoro Rivadavia

Río Gallegos
Tierra del Fuego
Ushuaia

Islas Malvinas
Falkland Islands

© National Geographic Maps

INFORMACIÓN GENERAL

Nombre oficial: **República Argentina**

Nacionalidad: **argentino(a)**

Área: **2 780 400 km²** (el país de habla hispana más grande del mundo, aproximadamente 2 veces el tamaño de Alaska)

Población: **42 192 494** (2011)

Capital: **Buenos Aires** (f. 1580) (12 988 000 hab.)

Otras ciudades importantes: **Córdoba** (1 493 000 hab.), **Rosario** (1 231 000 hab.), **Mendoza** (917 000 hab.), **Mar del Plata** (614 000 hab.)

Moneda: **peso** (argentino)

Idiomas: **español** (oficial), **guaraní, inglés, italiano, alemán, francés**

DEMOGRAFÍA

Alfabetismo: 97,2%

Religiones: **católica** (92%), **protestante** (2%), **judía** (2%), **otras** (4%)

ARGENTINOS CÉLEBRES

Eva Perón
primera dama (1919–1952)

Jorge Luis Borges
escritor (1899–1986)

Julio Cortázar
escritor (1914–1984)

EN RESUMEN

1. Argentina está en _____.

☐ Europa ☐ Sudamérica
☐ El Caribe ☐ Norteamérica
☐ Centroamérica

2. ¿Cierto o falso?

C F Argentina tiene una geografía diversa que incluye playas, montañas, selva, glaciares y pampas o llanuras.

C F La Cordillera de los Andes se extiende a lo largo de Argentina.

3. ¿Qué tradición, imagen o persona asocias con Argentina?

Una montaña cubierta de niebla al amanecer, en la región de la Patagonia.

© 2009 BETH WALD/National Geographic Image Collection

Top left: Gauchos montando a caballo, atravesando un lago
© 1996 O. LOUIS MAZZATENTA/
National Geographic Image Collection

Top center: Colección de mates
Lorena Altamirano/iStockphoto.com

Top right: Balcón en Caminito, barrio La Boca, Buenos Aires
Garry Peck/Shutterstock.com

Nicholas Monu/iStockphoto.com

Un grupo de gauchos monta a caballo al atardecer.
© National Geographic Digital Motion

kkgas/iStockphoto.com

Antes de ver

El gaucho es el héroe mítico y verdadero de los campos de Argentina. Hoy día, todavía existen 150 000 gauchos que siguen viviendo la vida clásica del vaquero en Argentina. Los gauchos tienen que batallar contra el clima y las diferentes estaciones del año para mantener sus manadas. Son hombres fuertes y dedicados a su profesión. Prefieren su vida de soledad en la naturaleza a todas las comodidades de la ciudad. ¡La leyenda del gaucho argentino aún vive!

Act. 1 ESTRATEGIA Listening to tone of voice

Listening to a speaker's tone of voice (**el tono de voz**) helps you understand what lies beneath their surface commentary. In this video segment about the *gauchos* of Argentina, you will listen to Don José Ansola, a gaucho who describes his lifestyle. Try to imagine how a true gaucho might feel about his life in the countryside. Write four words in Spanish that you think might describe his tone of voice.

1. _____

2. _____

3. _____

4. _____

Act. 2 VOCABULARIO NUEVO

Match the English definitions with the Spanish words. Try to do it without using a dictionary. Once you have finished, go to an online Spanish dictionary which pronounces the words in Spanish and listen to each word twice.

1. el vaquero	**a.** *herd*
2. el siglo	**b.** *to sustain*
3. rigurosa	**c.** *refuge*
4. la naturaleza	**d.** *cowboy*
5. la soledad	**e.** *landscape*
6. la manada	**f.** *century*
7. el refugio	**g.** *lifestyle*
8. el estilo de vida	**h.** *rigorous*
9. el paisaje	**i.** *nature*
10. sostener	**j.** *solitude*

Ver

Act. 3 LOS DETALLES

As you watch the video, look at the words that you chose to predict Don José's tone of voice. After hearing him speak, do you still agree with the words you chose in **Act. 1**? If not, change them to reflect the tone of voice you hear in the video.

1. _____

2. _____

3. _____

4. _____

Después de ver

Act. 4 ESCOGE

Pick the correct answer based on the video.

1. En Argentina, la vida del vaquero no cambió mucho en los últimos _____ siglos.
   a. uno   b. dos   c. tres

2. El gaucho es un _____ en la historia de los argentinos.
   a. héroe   b. hombre   c. vaquero

3. Don José Ansola es un gaucho _____.
   a. moderno   b. clásico   c. uruguayo

4. Argentina es el _____ de casi 150 000 gauchos.
   a. hogar   b. estadio   c. palacio

5. El gaucho tiene que adaptarse al _____.
   a. palacio   b. refugio   c. clima

Don José Ansola
© National Geographic Digital Motion

5

Act. 5 ESCRIBE

Write the correct answer in the blank.

1. El gaucho es una figura legendaria en la _____ de los argentinos.
2. El gaucho verdadero vive una vida rigurosa en medio de la _____.
3. Don José Ansola piensa que la _____ preserva la forma más pura de la vida del gaucho.
4. Argentina es el último _____ de este estilo de vida.
5. Las _____ del gaucho prosperan en la hierba infinita del campo.
6. La _____ contra la naturaleza puede ser muy dura en el invierno.

Los gauchos montan el campamento donde pasarán la noche.
© National Geographic Digital Motion

Act. 6 COMPRENSIÓN

After viewing the video as many times as you need to, answer the following questions in Spanish.

1. ¿Hace cuántos siglos existen los vaqueros en Argentina?
2. En la historia de los argentinos, ¿cómo se considera el gaucho?
3. ¿Quién es un ejemplo del gaucho clásico?
4. Según Don José, ¿qué preserva la forma más pura de la vida del gaucho?
5. ¿Dónde prefiere vivir Don José, en un rancho de tierra en el campo o en un palacio en la ciudad?
6. ¿Cuántos gauchos viven hoy día en los campos de Argentina?
7. ¿Por qué el trabajo del gaucho nunca tiene fin?
8. Según Don José, ¿qué dificultades presenta la naturaleza para el gaucho?
9. ¿Qué es la vida del gaucho, según la narración?
10. ¿Crees que la vida del gaucho va a continuar igual por otros tres siglos? ¿Por qué sí o por qué no?

Act. 7 EXPANSIÓN

Paso 1. Pick one of the topics below for further research.

Conexiones (historia, cultura):
Where did the tradition of the **gaucho** originate?
What does the word **gaucho** mean?
What kind of gear and clothing is needed by an Argentine **gaucho**?

Comparaciones:
Compare the life of a cowboy in the southwestern United States with that of a **gaucho** in Argentina.

Paso 2. Conduct a web search for information about your topic.
Select two or three relevant sources.

Paso 3. Using the information you've researched, write a short **resumen** of 3–5 sentences, in Spanish, that answers the questions and reports your findings. Be prepared to present your conclusions to the class.

Un gaucho en San Antonio de Areco, Provincia de Buenos Aires
Heritage Film Project/iStockphoto.com

bolivia

INFORMACIÓN GENERAL

Nombre oficial: **Estado Plurinacional de Bolivia**

Nacionalidad: **boliviano(a)**

Área: **1 098 581 km²**
(aproximadamente 3 veces el tamaño de Montana, o la mitad de México)

Población: **10 290 003** (2011)

Capital: **Sucre** (sede del poder judicial) (f. 1538) (281 000 hab.) y
La Paz (sede del gobierno) (f. 1548) (1 642 000 hab.)

Otras ciudades importantes: **Santa Cruz de la Sierra** (1 584 000 hab.), **Cochabamba** (1 030 000 hab.), **El Alto** (900 000 hab.)

Moneda: **boliviano**

Idiomas: **español** (oficial), **quechua, aymará**

DEMOGRAFÍA

Alfabetismo: 86,7%

Religiones: **católica** (95%), **protestante** (5%)

BOLIVIANOS CÉLEBRES

María Luisa Pacheco
pintora (1919–1982)

Evo Morales
primer indígena elegido presidente de Bolivia (1959–)

Jaime Escalante
ingeniero y profesor de matemáticas (1930–2010)

Edmundo Paz Soldán
escritor (1967–)

EN RESUMEN

1. Bolivia está en _____.

☐ Europa   ☐ Sudamérica
☐ El Caribe   ☐ Norteamérica
☐ Centroamérica

2. ¿Cierto o falso?

C F La Paz es la única capital de Bolivia.

C F El Parque Nacional Madidi es una selva tropical en Bolivia.

3. ¿Qué tradición, imagen o persona asocias con Bolivia?

La Laguna Roja con un volcán en el fondo
© 2010 MIKE THEISS/National Geographic Image Collection

Top left: Mujeres andinas de compras en un mercado
elifranssens/Stockphoto.com

Top center: La quinua, alimento con grandes beneficios nutritivos
Tim Clayton/Corbis

Top right: Caimán luchando contra un insecto en el Parque Nacional Madidi

Parque Nacional Madidi al amanecer
© National Geographic Digital Motion

Antes de ver

El Parque Nacional Madidi en Bolivia es un paraíso lleno de pájaros, insectos, reptiles y ¡"cerdos" asesinos! Un fotógrafo va a Madidi para captar las imágenes de algunos de los habitantes más bellos y, en el caso de los pecaríes barbiblancos, más feroces. ¿Pero existen los pecaríes o son animales legendarios? Después de varios días esperándolos para sacarles fotos, por fin Joel los alcanza a ver. ¿Cómo son estos "cerdos" de la selva? Para saber más, mira la aventura de un fotógrafo en la selva de Madidi.

Act. 1 ESTRATEGIA Viewing a segment several times

When you first hear authentic Spanish, it may sound very fast. Stay calm! Remember that you don't have to understand everything and that, with video, you have the opportunity to replay. The first time you view the segment, listen for the general idea. The second time, listen for details. Based on the above introduction, guess what the segment is going to be about.

1. Idea general: _____

2. Detalle: _____

3. Detalle: _____

Act. 2 VOCABULARIO NUEVO

Match the English definitions with the Spanish words. Try to do it without using a dictionary. Once you have finished, go to an online Spanish dictionary which pronounces the words in Spanish and listen to each word twice.

1. el tamaño	**a.** *soaking with sweat*
2. la presa	**b.** *to give up*
3. enseñar	**c.** *raft*
4. la cima	**d.** *top, summit*
5. empapado(a) de sudor	**e.** *flat*
6. la niebla	**f.** *to show*
7. matar	**g.** *dam*
8. plano(a)	**h.** *fog*
9. la balsa	**i.** *size*
10. darse por vencido	**j.** *to kill*

Ver

Act. 3 LAS FRASES

As you watch the video, circle the answer that best relates to the phrase is most appropriate.

1. **la vida silvestre**
   a. pájaros, reptiles, insectos   b. fotógrafo   c. parque

2. **para ver los guacamayos**
   a. plataforma   b. levantarse temprano   c. los minerales

3. **para ver los pecaríes**
   a. plataforma   b. caminar verticalmente   c. la niebla

4. **la plataforma**
   a. piel expuesta   b. caliente, húmeda   c. plana, de madera

5. **ser fotógrafo en Madidi**
   a. no ver nada interesante   b. esperar y esperar   c. fácil

Después de ver

Act. 4 ESCOGE

Pick the correct answer based on the video.

1. El Parque Nacional Madidi en Bolivia es una _____ tropical.
   a. vida silvestre   b. revista   c. selva

2. Joel Sartori es un _____.
   a. doctor   b. ecologista   c. fotógrafo

3. Rosa María Ruiz se dedica a _____ del Parque Madidi.
   a. la protección   b. la destrucción   c. la fotografía

4. El Parque Nacional Madidi es del tamaño de _____.
   a. Nueva York   b. Nueva Jersey   c. Nueva Orleáns

5. A Joel le encanta fotografiar a _____.
   a. los pecaríes   b. los guacamayos   c. los reptiles

Dos guacamayos en vuelo
© National Geographic Digital Motion

Act. 5 ESCRIBE

Write the correct answer in the blank.

1. Madidi se puede ver en bote o _____.

2. El gobierno quiere construir una _____ en Madidi.

3. Una presa puede destruir un enorme sector del _____.

4. Cuando llegan a la cima para fotografiar a los guacamayos, hay mucha _____.

5. Para sacar fotos de los pecaríes, el equipo tiene que subir a una _____.

6. En cuatro días, Joel saca tres _____ de los pecaríes barbiblancos.

Act. 6 COMPRENSIÓN

After viewing the video as many times as you need to, answer the following questions in Spanish.

1. ¿Qué hace Joel Sartori en el Parque Nacional Madidi en Bolivia?

2. ¿Quién es la guía de Joel?

3. ¿A qué se dedica ella?

4 ¿De qué tamaño es el Parque Nacional Madidi?

5. ¿En qué medios de transporte se puede ver Madidi?

6. ¿Qué quiere construir el gobierno de Bolivia en Madidi?

7. ¿Qué puede pasar si el gobierno construye la presa?

8. ¿Por qué no puede Joel fotografiar a los guacamayos?

9. ¿Desde dónde saca Joel fotos de los pecaríes?

10. ¿Cuántos días necesita Joel para sacar fotos de los pecaríes? ¿Cuántas fotos sacó?

Act. 7 EXPANSIÓN

Paso 1. Pick one of the topics below for further research.

Conexiones (biología, ecología):
Do you know anything about the white-lipped peccary?
What is its scientific name?
Have they really been known to kill people?

Comparaciones:
Is there a species of animal in your state that is hard to photograph?
If not in your state, then in the United States?
To what length would you go to get a photograph of an animal that is rarely seen?

Paso 2. Conduct a web search for information about your topic.
Select two or three relevant sources.

Paso 3. Using the information you've researched, write a short **resumen** of
3–5 sentences, in Spanish, which answers the questions and reports your findings.
Be prepared to present your conclusions to the class.

Un pecarí barbiblanco acerca su hocico a la cámara.
SA Team/Foto Natura/Minden Pictures/Getty Images

13

chile

Arica
Iquique
Antofagasta
I. San Félix • *I. San Ambrosio*
(Chile)
La Serena

Viña del Mar
Isla Sala y Gómez
(Chile)
Archipiélago
Juan Fernández
(Chile)
Valparaíso ✪ **Santiago**
Rancagua
Océano
Pacífico
Isla de Pascua
(Chile)
Talcahuano
Concepción
Temuco
Valdivia
Osorno
Puerto Montt

Puerto Aisén

Punta Arenas
Tierra del Fuego

© National Geographic Maps

© National Geographic Maps

INFORMACIÓN GENERAL

Nombre oficial: **República de Chile**

Nacionalidad: **chileno(a)**

Área: **756 102 km2** (un poco más grande que Texas)

Población: **17 067 369** (2011)

Capital: **Santiago** (f. 1541) (5 883 000 hab.)

Otras ciudades importantes: **Valparaíso** (865 000 hab.), **Viña del Mar** (803 000 hab.), **Concepción** (212 000 hab.)

Moneda: **peso** (chileno)

Idiomas: **español** (oficial), **mapuche** o **mapudungun, alemán, inglés**

DEMOGRAFÍA

Alfabetismo: 95,7%

Religiones: **católica** (70%), **evangélica** (15,1%), **testigos de Jehová** (1,1%), **sin afiliación** (8,3%), **otra** (5,5%)

CHILENOS CÉLEBRES

Pablo Neruda
poeta, Premio Nobel de Literatura (1904–1973)

Gabriela Mistral
poetisa, Premio Nobel de Literatura (1889–1957)

Michelle Bachelet
primera mujer presidente de Chile (1951–   )

EN RESUMEN

1. Chile está en _____.

☐ Europa   ☐ Sudamérica
☐ El Caribe   ☐ Norteamérica
☐ Centroamérica

2. ¿Cierto o falso?

C F Chile tiene muchas islas en el sur, en la región de Patagonia.

C F Bogotá es la capital de Chile.

3. ¿Qué tradición, imagen o persona asocias con Chile?

Panorama de Santiago al
atardecer
© 2006 ABRAHAM NOWITZ/National
Geographic Image Collection

Top left: Uvas en un viñedo
chileno
Sebastien Cote/iStockphoto.com

Top center: Villarrica, Pucón
Bridget Besaw/Aurora/Getty Images

Top right: Lo antiguo y lo
moderno en Santiago
© 2011 GUSTAVO GOMEZ/National
Geographic Image Collection

kkgas/iStockphoto.com

Rascacielos en Santiago
© Cengage Learning, 2014

Antes de ver

Santiago es una gran ciudad cosmopolita que se considera la mejor ciudad para hacer negocios en Latinoamérica. Hay muchas cosas que hacer y ver en Santiago. Si eres aficionado a la historia, tienes que visitar El Palacio de La Moneda o dar un paseo por La Plaza de Armas. En la Plaza Italia hay celebraciones públicas para los futbolistas y tenistas chilenos. Y si más bien quieres probar comida chilena, debes ir al Mercado Central donde hay una variedad de restaurantes que sirven comida típica. ¡No hay tiempo para aburrirse en Santiago!

Act. 1 ESTRATEGIA Listening for details
Knowing in advance what to listen for will help you find key information in a video's narration. Look at the comprehension questions in **Act. 6**, and write 5 key things that you will want to look for while you watch the video.

1. _____

2. _____

3. _____

4. _____

5. _____

Act. 2 VOCABULARIO NUEVO
Match the English definitions with the Spanish words. Try to do it without using a dictionary. Once you have finished, go to an online Spanish dictionary which pronounces the words in Spanish and listen to each word twice.

1. el negocio	**a.** *cable railway*
2. financiero(a)	**b.** *painting*
3. el edificio	**c.** *recipe*
4. la patria	**d.** *business*
5. la sede	**e.** *victory, triumph*
6. el cuadro	**f.** *financial*
7. el triunfo	**g.** *seat (of government)*
8. la receta	**h.** *building*
9. la cumbre	**i.** *summit, peak (of mountain, hill)*
10. el teleférico	**j.** *native country*

Ver

As you watch the video, circle the word or phrase that describes the cue.

1. Santiago
   a. ciudad moderna b. ciudad pequeña

2. La Alameda
   a. calle pequeña b. avenida principal

3. el Palacio de la Moneda
   a. sede del gobierno b. centro financiero

4. Bernardo O'Higgins
   a. héroe nacional b. futbolista

5. Plaza Italia
   a. restaurantes buenos b. celebraciones públicas

Después de ver

Act. 4 ESCOGE

Pick the correct answer based on the video.

1. Santiago es un buen lugar para _____.
   a. practicar deportes b. usar el metro c. hacer negocios

2. La Alameda es una avenida _____.
   a. muy larga b. muy corta c. abandonada

3. En la ciudad hay varios estilos de la arquitectura _____.
   a. norteamericana b. europea c. mexicana

4. En la Plaza de Armas, hay una estatua de _____.
   a. Bernardo O'Higgins b. Simón Bolívar c. Charles Darwin

5. El Parque Forestal es ideal para _____.
   a. pasearse b. celebraciones públicas c. jugar al tenis

Mercado de artesanías delante de la Catedral de Santiago
© Cengage Learning, 2014

Act. 5 ESCRIBE

Write the correct answer in the blank.

1. Santiago es el centro financiero, _____ y político del país.

2. En Santiago hay barrios _____, construcciones antiguas y edificios modernos.

3. La Alameda es la _____ principal de Santiago.

4. El Palacio de la Moneda es la _____ de la presidencia y del gobierno.

5. La Plaza Italia se usa para _____ públicas.

6. El viaje en el _____ dura doce minutos.

Los santiaguinos disfrutan de un día soleado en la ciudad.
© Cengage Learning, 2014

Act. 6 COMPRENSIÓN

After viewing the video as many times as you need to, answer the following questions in Spanish.

1. ¿Santiago es el centro de qué actividades del país?

2. ¿Qué clase de barrios, construcciones y edificios se pueden ver en Santiago?

3. ¿Cuál es la avenida principal de Santiago?

4. ¿Cuántos kilómetros mide la gran avenida?

5. ¿Quién es el héroe nacional que se considera uno de los Padres de la Patria?

6. ¿Qué edificio es la sede de la presidencia y del gobierno de Chile?

7. ¿Qué figura importante de la historia de las Américas tiene un monumento en la Plaza de Armas?

8. ¿Para qué se usa la Plaza Italia?

9. ¿Qué clase de comida puedes probar en el Mercado Central?

10. ¿Desde dónde puedes ver una vista espectacular de Santiago?

Act. 7 EXPANSIÓN

Paso 1. Pick one of the topics below for further research.

Conexiones (historia):
Who is Bernardo O'Higgins?
Why is he considered a national hero in Chile?

Comparaciones:
Compare O'Higgins to an American national hero from the same time period.
Were they similar?
How were they different?

Paso 2. Conduct a web search for information about your topic. Select two or three relevant sources.

Paso 3. Using the information you've researched, write a short **resumen** of 3–5 sentences, in Spanish, which answers the questions and reports your findings. Be prepared to present your conclusions to the class.

Estatua de Bernardo O'Higgins, una figura importante en la historia chilena
John Warburton-Lee/AWL Images/Getty Images

19

Riohacha
Santa Marta
Barranquilla
Cartagena
Valledupar
Montería
Cúcuta
Bucaramanga
Arauca
Medellín
Manizales
Pereira
Ibagué
Bogotá
Villavicencio
Meta
Puerto Carreño
Guaviare
Buenaventura
Cali
Neiva
San Vicente del Caguán
Florencia
Guainía
Vaupés
Apaporis
Caquetá
Putumayo
Leticia
Océano Pacífico
Magdalena
Cauca

© National Geographic Maps

colombia

© National Geographic Maps

INFORMACIÓN GENERAL

Nombre oficial: **República de Colombia**

Nacionalidad: **colombiano(a)**

Área: **1 138 910 km²** (un poco menos de dos veces el tamaño de Texas)

Población: **45 239 079** (2011)

Capital: **Bogotá D.C.** (f. 1538) (8 262 000 hab.)

Otras ciudades importantes: **Medellín** (3 497 000 hab.), **Cali** (2 352 000 hab.), **Barranquilla** (1 836 000 hab.)

Moneda: **peso** (colombiano)

Idiomas: **español** (oficial), **chibcha, guajiro y aproximadamente 90 lenguas indígenas**

DEMOGRAFÍA

Alfabetismo: 90,4%

Religiones: **católica** (90%), **otras** (10%)

COLOMBIANOS CÉLEBRES

Gabriel García Márquez
escritor, Premio Nobel de Literatura (1928–)

Fernando Botero
pintor y escultor (1932–)

Shakira
cantante y benefactora (1977–)

Tatiana Calderón Noguera
piloto de autos de carrera (1993–)

EN RESUMEN

1. Colombia está en _____.

☐ Europa   ☐ Sudamérica
☐ El Caribe   ☐ Norteamérica
☐ Centroamérica

2. ¿Cierto o falso?

C F Colombia tiene selva amazónica y regiones andinas.

C F No hay ninguna lengua indígena en Colombia.

3. ¿Qué tradición, imagen o persona asocias con Colombia?

Vista panorámica de Bogotá al
atardecer

Hasta las paredes están hechas de sal.
© National Geographic Digital Motion

Antes de ver

En las cavernas dentro de la montaña Zipaquirá en Colombia, se encuentra algo muy inesperado: ¡una catedral de sal! La catedral y todas las figuras bíblicas se tallaron en los depósitos de sal. Cientos de mineros y escultores colaboraron por cuatro años para crear esta maravilla artística. La catedral atrae a millones de turistas a este pueblo colombiano que ve en ella un verdadero milagro.

Act. 1 ESTRATEGIA Using visuals to aid comprehension

You can learn a lot from just looking at the visuals when you watch a video. The scenes and images you see help you understand the language that you hear. Be sure to pay attention to the visuals as well as the narration. Look at the images on pages 23–25, and write down what you think they represent.

1. _____

2. _____

3. _____

4. _____

Act. 2 VOCABULARIO NUEVO

Match the English definitions with the Spanish words. Try to do it without using a dictionary. Once you have finished, go to an online Spanish dictionary which pronounces the words in Spanish and listen to each word twice.

1. la mina de sal	**a.** *entrance fee*
2. tallar	**b.** *crystallized salt*
3. el (la) escultor(a)	**c.** *to sculpt*
4. la sal cristalizada	**d.** *hope*
5. el crucifijo	**e.** *pride*
6. hacerse cargo	**f.** *to be in charge of*
7. el orgullo	**g.** *salt mine*
8. el milagro	**h.** *sculptor*
9. el precio de entrada	**i.** *crucifix*
10. la esperanza	**j.** *miracle*

Ver

Act. 3 LAS FRASES

As you watch the video, complete the following phrases

1. la _____ cristalizada

2. una gran _____ religiosa

3. las figuras _____

4. los llena de _____

5. la _____ maravilla del mundo

6. una luz de _____

Después de ver

Act. 4 ESCOGE

Pick the correct answer based on the video.

1. Hay una _____ católica en una mina abandonada.
   a. catedral   b. turista   c. montaña

2. Los turistas pasan por _____ dentro de la montaña Zipaquirá para verla.
   a. paredes   b. calles   c. túneles

3. Más de _____ escultores y mineros trabajaron en la mina para crear la catedral.
   a. cien   b. doscientos   c. trescientos

4. Las figuras bíblicas están hechas de _____.
   a. agua   b. sal   c. pimienta

5. La catedral llena a los colombianos locales de _____.
   a. tristeza   b. orgullo   c. hambre

Estatua de un ángel dentro de la Catedral de Sal.
© National Geographic Digital Motion

Act. 5 ESCRIBE

Write the correct answer in the blank.

1. Los turistas van a ver una catedral en una mina de _____ abandonada.

2. Más de cien escultores y mineros trabajaron por _____ años para convertir la sal cristalizada en una gran catedral religiosa.

3. El proyecto costó _____ millones de dólares estadounidenses.

4. El señor Rincón fue _____ antes.

5. El señor Rincón cree que la catedral es la _____ maravilla del mundo.

6. La catedral representa un _____ de dólares anuales.

David Rincón, uno de los mineros que construyó la Catedral de Sal
© National Geographic Digital Motion

Act. 6 COMPRENSIÓN

After viewing the video as many times as you need to, answer the following questions in Spanish.

1. ¿Qué vienen a ver los turistas en la mina abandonada?

2. ¿Dónde está la catedral?

3. ¿Cuántos años trabajaron los mineros y escultores?

4. ¿De qué están hechas las figuras bíblicas?

5. ¿En qué año se completó el proyecto?

6. ¿Cuánto costó?

7. ¿Quién se hace cargo de la catedral y que hacía antes?

8. ¿Qué piensa el señor Rincón de la catedral?

9. ¿Cuánto dinero hace por año la catedral?

10. ¿De dónde viene ese dinero?

Act. 7 EXPANSIÓN

Paso 1. Pick one of the topics below for further research.

Conexiones (ciencias, geografía):
Where are other salt mines located in the world?
What are they used for?
Is there an other salt mine in the world that has a unique use?

Comparaciones:
Are there any mines in your area?
Can you think of a unique use for them if they are abandoned?

Paso 2. Conduct a web search for information about your topic. Select two or three relevant sources.

Paso 3. Using the information you've researched, write a short **resumen** of 3–5 sentences, in Spanish, which answers the questions and reports your findings. Be prepared to present your conclusions to the class.

Monjas católicas rezando dentro de la Catedral de Sal
Pete Turner/Riser/Getty Images

costa rica

La Cruz
Los Chiles
San Juan
Golfo de Papagayo
Liberia
Filadelfia
Cañas
Muelle
Chirripó
Mar Caribe
Santa Cruz
Quesada
Guápiles
Nicoya
Puntarenas
Alajuela
Heredia
Síquirres
Limón
Lepanto
★ **San José**
Moravia
Santiago
Cartago
Golfo de Nicoya
Parrita
Santa María
Puerto Quepos
San Isidro
General
Buenos Aires
Océano Pacífico
Ciudad Cortés
Golfito
Golfo Dulce

© National Geographic Maps

© National Geographic Maps

INFORMACIÓN GENERAL

Nombre oficial: **República de Costa Rica**

Nacionalidad: **costarricense**

Área: **51 100 km²** (un poco más pequeño que Virginia Occidental)

Población: **4 636 348** (2011)

Capital: **San José** (f. 1521) (1 416 000 hab.)

Otras ciudades importantes: **Alajuela** (254 000 hab.), **Cartago** (413 000 hab.)

Moneda: **colón**

Idiomas: **español** (oficial), **inglés**

DEMOGRAFÍA

Alfabetismo: 94,9%

Religiones: **católica** (76,3%), **evangélica y otras protestantes** (14,4%), **testigos de Jehová** (1,3%), **otras** (4,8%), **sin afiliación** (3,2%)

COSTARRICENCES CÉLEBRES

Óscar Arias
político, Premio Nobel de la Paz, expresidente (1940–)

Claudia Poll
atleta olímpica (1972–)

Carmen Naranjo
escritora (1928–2012)

EN RESUMEN

1. Costa Rica está en _____.

   ☐ Europa   ☐ Sudamérica
   ☐ El Caribe   ☐ Norteamérica
   ☐ Centroamérica

2. ¿Cierto o falso?

   C F La moneda de Costa Rica es el colón.

   C F Costa Rica se conoce por su diversidad biológica.

3. ¿Qué tradición, imagen o persona asocias con Costa Rica?

Arroyo del Parque Nacional
Corcovado
© 2011 GEORGE GRALL/National
Geographic Image Collection

Top left: Basílica de Nuestra
Señora de los Ángeles en San José
Harvey Lloyd/Taxi/Getty Images

Top center: Tortuga olivácea en
la playa
Photo Researchers/Getty Images

Top right: Vendedora de textiles
en Alajuela
Pietro Canali/Grand Tour/Grand Tour/
Corbis

Entrada a *Earth University*
© National Geographic Digital Motion

Antes de ver

En *Earth University*, en Guácimo, Costa Rica, los ecologistas del futuro estudian técnicas agrícolas sostenibles que podrán implementar en las comunidades pobres de Latinoamérica y África. También estudian otras materias, cómo sociología y ética, pero la intención principal de la universidad es entrenar los líderes del futuro —líderes con una conciencia ecológica que algún día cambiarán la sociedad a través de la agricultura. Quizás ya hayas comprado unas bananas de la marca *Earth* en el *Whole Foods Market* de tu comunidad. El medio ambiente se debe tratar con respeto, según los estudiantes y los administradores de *Earth University*, una universidad única con metas extraordinarias.

Act. 1 ESTRATEGIA Using background knowledge to anticipate content
If you have a rough idea of a video segment's content, you can predict what other information it may contain. Think about the topic and ask yourself what vocabulary you associate it with. By organizing your thoughts in advance, you prepare yourself to understand the content more easily. Given the introduction above, and the title "Earth University," try to imagine what the segment is about. Write five vocabulary words in Spanish that you think might relate to the content of the video segment.

1. _____

2. _____

3. _____

4. _____

5. _____

Act. 2 VOCABULARIO NUEVO
Match the English definitions with the Spanish words. Try to do it without using a dictionary. Once you have finished, go to an online Spanish dictionary which pronounces the words in Spanish and listen to each word twice.

1. sostenible	**a.** *skill*
2. el medio ambiente	**b.** *natural resources*
3. la pobreza	**c.** *field of crops*
4. respetuoso	**d.** *sustainable*
5. la destreza	**e.** *revenue*
6. ensuciarse	**f.** *environment*
7. el plantío	**g.** *to get dirty*
8. las ganancias	**h.** *poverty*
9. los ingresos	**i.** *respectful*
10. los recursos naturales	**j.** *profits*

Ver

Act. 3 LAS FRASES

As you watch the video, circle the answer that best relates to the phrase provided.

1. *Earth University*
   a. un campus típico   b. una universidad agrícola   c. una beca

2. los métodos agrícolas sostenibles
   a. poco o ningún impacto negativo   b. la pobreza   c. cuatrocientos estudiantes

3. las destrezas
   a. útiles, accesibles y sostenibles   b. poco útiles   c. caras y difíciles

4. las ganancias del plantío de bananas
   a. para erradicar la pobreza   b. para cultivar más bananas   c. para financiar las operaciones de la universidad

5. la intención principal de *Earth University*
   a. formar agentes de cambio   b. cultivar alimentos sostenibles   c. financiar más investigaciones

Después de ver

Act. 4 ESCOGE

Pick the correct answer based on the video.

1. En *Earth University*, los estudiantes se entrenan para ser _____ del futuro.
   a. ingenieros   b. ecologistas   c. arquitectos

2. *Earth* es una _____ agricultural en Guácimo, Costa Rica.
   a. escuela   b. iglesia   c. biblioteca

3. El instituto nació de la idea de proteger _____.
   a. la economía   b. *National Geographic Society*   c. el medio ambiente

4. Los estudiantes trabajan seis días por semana, once _____ del año.
   a. meses   b. semanas   c. horas

5. Hay _____ en el campus, donde los estudiantes y profesores experimentan con técnicas nuevas.
   a. un laboratorio   b. un plantío de bananas   c. un *Whole Foods Market*

El plantío de bananas sirve como un laboratorio para nuevos métodos agrícolas sostenibles.
© National Geographic Digital Motion

Act. 5 ESCRIBE

Write the correct answer in the blank.

1. Los estudiantes en *Earth University* aprenden métodos agrícolas que tienen poco o ningún impacto negativo en el medio ambiente, la _____ o las necesidades del futuro.

2. Los estudiantes en *Earth University* aprenden cómo ser _____ con el medio ambiente.

3. Según Robert, los estudiantes aprenden destrezas muy útiles que son sostenibles, _____ y accesibles.

4. Según Robert, los estudiantes tienen que entrenarse para ser _____ de cambio.

5. Las _____ del negocio de bananas se usan para becas, para las operaciones de la universidad y para financiar más investigaciones y desarrollo.

6. Según el presidente Zaglul, la intención de la *Earth University* es formar líderes que puedan transformar a la _____.

Dos estudiantes de *Earth* aprenden a manejar un tractor.
© National Geographic Digital Motion

Act. 6 COMPRENSIÓN

After viewing the video as many times as you need to, answer the following questions in Spanish.

1. ¿Qué quieren ser los estudiantes de *Earth University*?

2. ¿Dónde está *Earth University*?

3. ¿Qué organización ayuda a fundar *Earth University*?

4. Según el presidente Zaglul, ¿de qué idea nació la universidad?

5. ¿Qué aprenden los estudiantes en *Earth University*?

6. ¿Qué aprenden a respetar los estudiantes?

7. Según Robert, el estudiante de Kenya, ¿ellos tienen que entrenarse para ser qué?

8. ¿Qué clase de plantío activo hay en el campus?

9. ¿Qué hacen con las ganancias del plantío de bananas?

10. ¿A que tres cosas se refiere el presidente Zaglul cuando menciona el medio ambiente?

Act. 7 EXPANSIÓN

Paso 1. Pick one of the topics below for further research.

Conexiones (agricultura, sociología):
Find out more about Earth University. What would you learn about farming if you enrolled there?
What would you learn about the environment?
Would you be interested in enrolling in a university with Earth University's course of studies and primary goal?

Comparaciones:
Do you know of any university near you that focuses on sustainable agricultural practices? Or anywhere in the United States?
Try to find one and research its goals and courses of study.

Paso 2. Conduct a web search for information about your topic. Select two or three relevant sources.

Paso 3. Using the information you've researched, write a short **resumen** of 3–5 sentences, in Spanish, which answers the questions and reports your findings. Be prepared to present your conclusions to the class.

Este centro de investigación de la Universidad de Vermont se dedica a estudiar los arces *(maple trees)*.
AP Photo/Toby Talbot

cuba

© National Geographic Maps

© National Geographic Maps

INFORMACIÓN GENERAL

Nombre oficial: **República de Cuba**

Nacionalidad: **cubano(a)**

Área: **110 860 km²** (aproximadamente el tamaño de Tennessee)

Población: **11 075 244** (2011)

Capital: **La Habana** (f. 1511)
(2 140 000 hab.)

Otras ciudades importantes: **Santiago** (494 000 hab.), **Camagüey** (324 000 hab.)

Moneda: **peso** (cubano)

Idiomas: **español** (oficial)

DEMOGRAFÍA

Alfabetismo: 99,8%

Religiones: **católica** (85%), **santería y otras** (15%)

CUBANOS CÉLEBRES

Alicia Alonso
bailarina, fundadora del Ballet Nacional de Cuba (1920–)

Silvio Rodríguez
poeta, cantautor (1946–)

Wifredo Lam
pintor (1902–1982)

EN RESUMEN

1. Cuba está en _____.

☐ Europa   ☐ Sudamérica
☐ El Caribe   ☐ Norteamérica
☐ Centroamérica

2. ¿Cierto o falso?

C F Cuba está a solo noventa millas de la Florida.

C F Cuba no tiene ningunas tradiciones españolas.

3. ¿Qué tradición, imagen o persona asocias con Cuba?

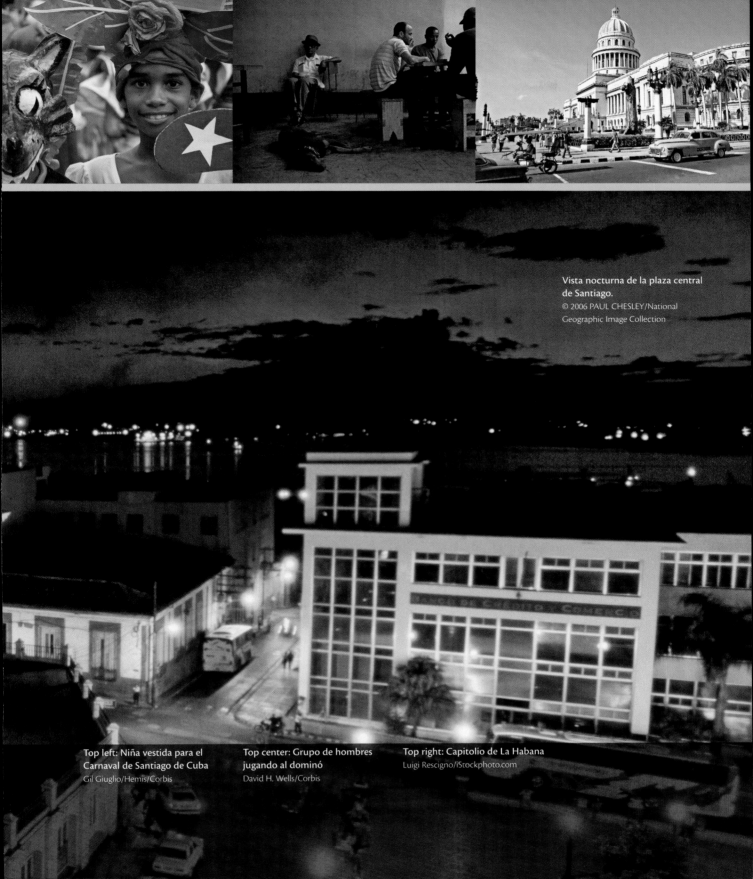

Vista nocturna de la plaza central de Santiago.
© 2006 PAUL CHESLEY/National Geographic Image Collection

Top left: Niña vestida para el Carnaval de Santiago de Cuba
Gil Giuglio/Hemis/Corbis

Top center: Grupo de hombres jugando al dominó
David H. Wells/Corbis

Top right: Capitolio de La Habana
Luigi Rescigno/iStockphoto.com

El fotógrafo David Alan Harvey saca fotografías desde
el asiento de pasajero.
© National Geographic Digital Motion

Antes de ver

A David Alan Harvey, un fotógrafo de la revista *National Geographic,* le gusta sacar
fotos de la Cuba que poca gente conoce. Él siente que en este momento, Cuba está
a principios de una nueva etapa. Quiere documentar este trozo de la historia de esta
isla-nación única. Harvey viaja por los pueblos para fotografiar una quinceañera, un
granjero, un peluquero, unos beisbolistas pequeños y una familia cubana. Viaja con él
para conocer a la Cuba de hoy.

Act. 1 ESTRATEGIA Watching without sound

Sometimes it helps to watch a segment first without the sound, especially when it
contains a lot of action. As you watch, focus on the people's actions and interactions.
What do you think is happening? Once you have gotten some ideas, watch the segment
a second time with the sound turned on. Based on the above introduction, write down
a few things you think you might see.

1. _____

2. _____

3. _____

4. _____

Act. 2 VOCABULARIO NUEVO

Match the English definitions with the Spanish words. Try to do it without using
a dictionary. Once you have finished, go to an online Spanish dictionary which
pronounces the words in Spanish and listen to each word twice.

1. orgulloso(a)	**a.** *a mixture*	
2. a principios de	**b.** *to specialize in*	
3. especializarse	**c.** *to try to*	
4. el trozo	**d.** *proud*	
5. quedarse con	**e.** *wherever*	
6. la máquina del tiempo	**f.** *strong character*	
7. tratar de	**g.** *a piece; a slice*	
8. la mezcla	**h.** *to stay with*	
9. de mucho carácter	**i.** *time machine*	
10. dondequiera	**j.** *at the beginning of*	

Ver

Act. 3 LAS FRASES

As you watch the video, circle the answer that DOES NOT relate to the phrase provided.

1. la gente de Cuba
   a. apasionada   b. interconectada   c. orgullosa

2. David Alan Harvey
   a. peluquero   b. fotógrafo   c. la revista *National Geographic*

3. la vida en la calle
   a. caleidoscopio   b. imágenes, olores, sonidos   c. aburrida

4. el trozo de la historia
   a. fin de la revolución   b. a principios de lo que sigue   c. el futuro

5. la quinceañera
   a. beisbolista   b. cumple quince años   c. introducción a la sociedad

6. el béisbol
   a. niños   b. adultos   c. quinceañera

Después de ver

Act. 4 ESCOGE

Pick the correct answer based on the video.

1. La isla de Cuba está a noventa millas de _____.
   a. Texas   b. la Florida   c. California

2. David Alan Harvey saca fotos de países _____.
   a. hispanohablantes   b. europeos   c. africanos

3. Harvey describe la vida en la calle como un _____.
   a. avión   b. caleidoscopio   c. puente

4. Harvey quiere sacar fotos de la Cuba que poca gente _____.
   a. quiere visitar   b. necesita ver   c. conoce

5. La quinceañera es una tradición _____.
   a. mexicana   b. puertorriqueña   c. española

Cuba es una isla rica en cultura y controversia.
© National Geographic Digital Motion

Act. 5 ESCRIBE

Write the correct answer in the blank.

1. _____ años después de la Revolución, Cuba está a principios de una nueva era.

2. Es _____ documentar este trozo de la historia porque los cubanos están al fin de la revolución y al principio de lo que sigue.

3. Según Harvey, en Cuba se puede ver la _____ del país en la calle.

4. La quinceañera se celebra cuando una jovencita _____ quince años.

5. Los cubanos que conoce Harvey son amables, apasionados, generosos y _____.

6. El deporte que siempre juegan los niños en las calles es el _____.

Cuba está a principios de una nueva era.
© National Geographic Digital Motion

Act. 6 COMPRENSIÓN

After viewing the video as many times as you need to, answer the following questions in Spanish.

1. ¿A cuántas millas de la Florida está la isla de Cuba?

2. ¿Cuantos años después de la Revolución empieza la nueva era para Cuba?

3. ¿En qué se especializa David Alan Harvey?

4. Según Harvey, ¿cómo se expresa la vida en la calle en Cuba?

5. ¿De qué quiere sacar fotos el fotógrafo?

6. ¿Por qué dice Harvey que es importante documentar este momento en la historia de Cuba?

7. ¿Qué trata de captar Harvey en sus fotos?

8. ¿Cuál es la tradición española que celebra la chica?

9. ¿Cómo son los cubanos, según Harvey?

10. ¿Qué se puede ver dondequiera en Cuba?

Act. 7 EXPANSIÓN

Paso 1. Pick one of the topics below for further research.

Conexiones (historia):
What do you know about Cuba's history, its relationship to the United States, and Fidel Castro?
Do some research and bring one interesting fact about Cuba to the class that you did not know before.

Comparaciones:
Is there someplace in your state where products are in use from another time period? What kinds of artifacts can you see there that are from another time period?

Paso 2. Conduct a web search for information about your topic. Select two or three relevant sources.

Paso 3. Using the information you've researched, write a short **resumen** of 3–5 sentences, in Spanish, which answers the questions and reports your findings. Be prepared to present your conclusions to the class.

Miles de autos clásicos de Estados Unidos se siguen usando en Cuba.
Kamira/Shutterstock.com

ecuador

INFORMACIÓN GENERAL

Nombre oficial: **República del Ecuador**

Nacionalidad: **ecuatoriano(a)**

Área: **283 561 km²** (aproximadamente el tamaño de Colorado)

Población: **15 223 680** (2011)

Capital: **Quito** (f. 1556) (1 801 000 hab.)

Otras ciudades importantes: **Guayaquil** (2 634 000 hab.), **Cuenca** (505 000 hab.)

Moneda: **dólar** (estadounidense)

Idiomas: **español** (oficial), **quechua**

DEMOGRAFÍA

Alfabetismo: 91%

Religiones: **católica** (95%), **otras** (5%)

ECUATORIANOS CÉLEBRES

Jorge Carrera Andrade
escritor (1903–1978)

Oswaldo Guayasamín
pintor (1919–1999)

Rosalía Arteaga
abogada, política, ex vicepresidenta
(1956–   )

EN RESUMEN

1. Ecuador está en _____.

☐ Europa   ☐ Sudamérica
☐ El Caribe   ☐ Norteamérica
☐ Centroamérica

2. ¿Cierto o falso?

C F Las Islas Galápagos no son islas ecuatorianas.

C F La línea ecuatorial que divide el globo en dos hemisferios pasa por Ecuador.

3. ¿Qué tradición, imagen o persona asocias con Ecuador?

Un león marino de las Galápagos descansa en las rocas de la Isla San Cristóbal.
© 2011 RALPH LEE HOPKINS/National Geographic Image Collection

Top left: Casas pintorescas en la zona colonial de Quito
Mike Matthews Photography/Flickr/Getty Images

Top center: Pareja de bailarines quiteños en ropa típica
Christopher Herwig/Aurora/Getty Images

Top right: La iguana marina vive exclusivamente en las Islas Galapagos.
© 2011 JOEL SARTORE/National Geographic Image Collection

kkgas/iStockphoto.com

Los volcanes que formaron las Islas Galápagos siguen activos hoy día.
© National Geographic Digital Motion

Antes de ver

Las Islas Galápagos son famosas por su fauna y flora extraordinarias. En las Islas Galápagos se encuentran especies que no existen en ningún otro sitio en el planeta. Charles Darwin, el biólogo inglés, viajó a las Islas Galápagos en los años 1830. Es allí donde concibe la teoría de la evolución por selección natural. ¡La vida de las iguanas marinas y terrestres está llena de acción y peligro!

Act. 1 ESTRATEGIA Using questions as an advance organizer
A way to prepare yourself to watch a video segment is to familiarize yourself with the questions you will answer after viewing the segment. Before you watch the video, use the questions in **Act. 4** to come up with a short list of information you will want to listen for as you watch the video.

EJEMPLO: formación de las Islas Galápagos

1. _____

2. _____

3. _____

4. _____

5. _____

Act. 2 VOCABULARIO NUEVO
Match the English definitions with the Spanish words. Try to do it without using a dictionary. Once you have finished, go to an online Spanish dictionary which pronounces the words in Spanish and listen to each word twice.

1. añadir	**a.** *to disperse*
2. concebir	**b.** *wildlife*
3. la ceniza volcánica	**c.** *highland*
4. dispersar	**d.** *volcanic ash*
5. las erupciones volcánicas	**e.** *terrestrial, of the land*
6. la flora y fauna	**f.** *to conceive*
7. el lagarto	**g.** *volcanic eruptions*
8. marino(a)	**h.** *lizard*
9. los rayos del sol	**i.** *marine, seafaring*
10. respirar	**j.** *surprisingly*
11. sorprendentemente	**k.** *to breathe*
12. terrestre	**l.** *sun rays*
13. la tierra alta	**m.** *to add*

Ver

Act. 3 LAS FRASES

As you watch the video, circle the answer that best relates to the phrase provided.

1. **la formación de las Islas Galápagos**
   a. nuevas formaciones rocosas   b. erupciones volcánicas   c. adaptaciones únicas

2. **el país que gobierna las Islas Galápagos**
   a. Ecuador   b. Colombia   c. Venezuela

3. **el biólogo importante en la historia de las islas**
   a. Jane Goodall   b. HMS Beagle   c. Charles Darwin

4. **los únicos lagartos que viajan por el mar**
   a. iguanas terrestres   b. iguanas marinas   c. leones marinos

5. **los enemigos de las iguanas**
   a. delfines, pingüinos   b. pelícanos, leones marinos   c. culebras, halcones

6. **el lugar óptimo para incubar los huevos de las iguanas**
   a. el mar   b. ceniza volcánica   c. formaciones rocosas

Después de ver

Act. 4 ESCOGE

Pick the correct answer based on the video.

1. Las iguanas marinas pueden pasar _____ sin respirar.
   a. cinco minutos   b. diez minutos   c. quince minutos

2. Las iguanas marinas comen _____ en el océano.
   a. pelícanos   b. delfines   c. alga

3. El _____ quiere jugar con la iguana marina.
   a. pingüino   b. delfín   c. león marino

4. Las culebras y los halcones son depredadores que se comen a _____.
   a. las iguanitas   b. las sardinas   c. los pelícanos

5. Las iguanas terrestres ponen huevos en _____ caliente.
   a. las rocas   b. la ceniza volcánica   c. el mar

Iguanas marinas calentándose con los rayos del sol.
© National Geographic Digital Motion

Act. 5 ESCRIBE

Write the correct answer in the blank.

1. Unas erupciones _____ forman un grupo de islas hace millones de años.

2. Las Islas Galápagos están a 600 millas al oeste de _____.

3. Charles Darwin viaja a las Islas Galápagos en los años _____.

4. La famosa teoría de Charles Darwin es la teoría de la _____ por selección natural.

5. Las iguanas _____ son los únicos lagartos en el mundo que viajan por mar.

6. Las iguanas terrestres suben el _____ para poner huevos.

Volcán de una de las trece islas que forman las Galápagos
© National Geographic Digital Motion

Act. 6 COMPRENSIÓN

After viewing the video as many times as you need to, answer the following questions in Spanish.

1. ¿Qué ocurre hace millones de años en el Pacífico Sur que tiene por resultado la formación de las Islas Galápagos?

2. ¿De qué país son las Islas Galápagos?

3. ¿Quién fue el biólogo qué estudió las adaptaciones únicas de la flora y fauna de las Islas Galápagos?

4. ¿Qué teoría famosa fue inspirada *(was inspired)* por las Islas Galápagos?

5. ¿Qué clase de iguanas hay en las Islas Galápagos que no se encuentran en ningún otro sitio del mundo?

6. ¿Cuánto tiempo pueden contener la respiración las iguanas marinas?

7. ¿Qué comen las iguanas marinas en el océano?

8. ¿Qué otros animales nadan en el océano con las iguanas?

9. ¿Qué depredadores deben evitar las iguanitas bebés para llegar a ser adultos?

10. ¿Dónde incuban los huevos las iguanas terrestres? ¿Por qué es difícil para las madres iguanas llegar allí?

Act. 7 EXPANSIÓN

Paso 1. Pick one of the topics below for further research.

Conexiones (ciencias, biología):
What is the theory of natural selection?
What is the controversy in the United States over this theory today?

Comparaciones:
Are there islands in the United States that you like to visit?
Where are they?
What kind of unique flora and fauna do they have?

Paso 2. Conduct a web search for information about your topic. Select two or three relevant sources.

Paso 3. Using the information you've researched, write a short **resumen** of 3–5 sentences, in Spanish, which answers the questions and reports your findings. Be prepared to present your conclusions to the class.

Estatua de Charles Darwin, científico inglés de gran importancia en el mundo de las ciencias naturales.
Dave Coadwell/Shutterstock.com

el salvador

INFORMACIÓN GENERAL

Nombre oficial: **República de El Salvador**

Nacionalidad: **salvadoreño(a)**

Área: **21 041 km²** (un poco más pequeño que Massachusetts)

Población: **6 090 646** (2011)

Capital: **San Salvador** (f. 1524) (1 534 000 hab.)

Otras ciudades importantes: **San Miguel** (218 000 hab.), **Santa Ana** (274 000 hab.)

Moneda: **dólar** (estadounidense)

Idiomas: **español** (oficial), **náhuatl, otras lenguas amerindias**

DEMOGRAFÍA

Alfabetismo: 81,1%

Religiones: **católica** (57,1%), **protestante** (21,2%), **testigos de Jehová** (1,9%), **mormona** (0,7%), **otras** (2,3%), **sin afiliación** (16,8%)

SALVADOREÑOS CÉLEBRES

Óscar Arnulfo Romero arzobispo, defensor de los derechos humanos (1917–1980)

Claribel Alegría escritora (nació en Nicaragua pero se considera salvadoreña) (1924–   )

Alfredo Espino poeta (1900–1928)

EN RESUMEN

1. El Salvador está en _____.

☐ Europa   ☐ Sudamérica
☐ El Caribe   ☐ Norteamérica
☐ Centroamérica

2. ¿Cierto o falso?

C F El Salvador es el país más grande de Centroamérica.

C F El Salvador no tiene volcanes.

3. ¿Qué tradición, imagen o persona asocias con El Salvador?

Formación rocosa en las costas
cercanas a El Tunco
andyKRAKOVSKI/iStockphoto.com

Top left: Granjero salvadoreño en
la Valle Jiboa
Eduardo Fuentes Guevara/iStockphoto.
com

Top center: Garza cazando en la
laguna El Jocotal
Lynda Richardson/Corbis

Top right: La Feria de las Flores y
Palmas se celebra en mayo en
Panchimalco
Jan Sochor/Contributor/Getty Images

Nicholas Monu/iStockphoto.com

Iglesia de la Santa Cruz de Roma, en el pueblo de Panchimalco
© Cengage Learning, 2014

kkgas/iStockphoto.com

Antes de ver

El país más pequeño de Centroamérica, El Salvador le ofrece mucho al visitante. El Salvador tiene fama por sus volcanes activos e inactivos y los parques nacionales donde puedes visitarlos. San Salvador, la capital, es una ciudad grande y moderna con el estadio más grande de Centroamérica. Sus edificios importantes, como el Palacio Nacional, el Teatro Nacional y la Catedral Metropolitana son bellos ejemplos de la arquitectura en el centro histórico. La naturaleza, la vida urbana o los pueblos indígenas, El Salvador lo tiene todo.

Act. 1 ESTRATEGIA Listening for the main idea
A good way to organize your viewing of video in Spanish is to focus on getting the main idea of the segment (or of each of its parts). Don't try to understand every word; just try to get the gist of each scene. What might be the main idea behind the following things?

1. el volcán _____

2. el estadio _____

3. el Palacio Nacional _____

4. el Teatro Nacional _____

Act. 2 VOCABULARIO NUEVO
Match the English definitions with the Spanish words. Try to do it without using a dictionary. Once you have finished, go to an online Spanish dictionary which pronounces the words in Spanish and listen to each word twice.

1. poblado(a)   **a.** *long walk; hike*

2. la tumba   **b.** *landscape, scenery*

3. el arzobispo   **c.** *populated*

4. los derechos humanos **d.** *cloud forest*

5. el salón   **e.** *archbishop*

6. emocionante   **f.** *human rights*

7. el bosque nublado   **g.** *tomb*

8. la caminata   **h.** *hall*

9. la flora y fauna   **i.** *wildlife*

10. el paisaje   **j.** *exciting*

Ver

Act. 3 LAS FRASES

As you watch the video, circle the word or phrase that describes the cue.

1. **El Salvador**
   a. más grande que Nueva Jersey   b. más pequeño que Nueva Jersey

2. **San Salvador**
   a. grande y moderna   b. grande y antigua

3. **Óscar Romero**
   a. los pobres y los derechos humanos   b. la democracia y el capitalismo

4. **el Teatro Nacional**
   a. deportes   b. arte y cultura

5. **Estadio Cuscatlán**
   a. fútbol   b. esquí acuático

Después de ver

Act. 4 ESCOGE

Pick the correct answer based on the video.

1. El Salvador es el país más pequeño de _____.
   a. Sudamérica   b. Norteamérica   c. Centroamérica

2. En el Palacio Nacional, hay estatuas de _____.
   a. un explorador y una reina   b. un arzobispo y un general   c. un astronauta y un expresidente

3. Panchimalco es un pueblo _____.
   a. moderno   b. indígena   c. abandonado

4. El Lago de Coatepeque es ideal para los _____.
   a. deportes de pelota   b. deportes acuáticos   c. deportes de invierno

5. En el Parque Nacional Cerro Verde, puedes ver _____.
   a. otros volcanes   b. un desierto   c. ruinas mayas

Palacio Nacional, situado en San Salvador, la capital
© Cengage Learning, 2014

47

Act. 5 ESCRIBE

Write the correct answer in the blank.

1. San Salvador es la _____ ciudad más poblada de Centroamérica.

2. En el Palacio Nacional hay _____ habitaciones y cuatro salones.

3. En el Teatro Nacional puedes ver _____, teatro y danza contemporánea.

4. Puedes comprar artesanía salvadoreña en el _____ Ex Cuartel.

5. El Lago de Coatepeque es ideal para la _____, el buceo y el esquí acuático.

6. El Cerro Verde es un _____ extinto.

Lago de Coatepeque, de origen volcánico
© Cengage Learning, 2014

Act. 6 COMPRENSIÓN

After viewing the video as many times as you need to, answer the following questions in Spanish.

1. ¿Qué país es el más pequeño de Centroamérica?

2. ¿Cómo se llama la capital de El Salvador?

3. ¿Por qué es famoso el arzobispo Óscar Romero?

4. ¿De qué colores son los salones en el Palacio Nacional?

5. ¿Qué clase de pintura venden en el mercado Ex Cuartel?

6. Además de los partidos de fútbol, ¿qué más puedes ver en el Estadio Cuscutlán?

7. ¿Qué hay en Panchimalco que es la más antigua del país?

8. ¿Cuándo fue la última erupción del volcán Cerro Verde?

9. ¿Qué cubre (covers) el cráter de Cerro Verde?

10. ¿Cuál es una de las actividades preferidas en el Parque Nacional Cerro Verde?

Act. 7 EXPANSIÓN

Paso 1. Pick one of the topics below for further research.

Conexiones (historia):

Who is **Reina Isabel la Católica?**
Why would there be a statue of her next to Christopher Columbus at the National
Palace in El Salvador?

Comparaciones:

Do you know of any cloud forests in your area or in the United States?
If not, try to find one.

Paso 2. Conduct a web search for information about your topic. Select two or three
relevant sources.

Paso 3. Using the information you've researched, write a short **resumen** of 3–5 sentences,
in Spanish, which answers the questions and reports your findings. Be prepared to
present your conclusions to the class.

Salen los rayos del sol en un bosque nublado.
Tom Bean/Corbis

españa

© National Geographic Maps

© National Geographic Maps

INFORMACIÓN GENERAL

Nombre oficial: **Reino de España**

Nacionalidad: **español(a)**

Área: **505 370 km²** (aproximadamente 2 veces el tamaño de Oregón)

Población: **47 042 984** (2011)

Capital: **Madrid** (f. siglo IX) (3 300 000 hab.)

Otras ciudades importantes:
Barcelona (5 762 000 hab.),
Valencia (812 000 hab.),
Sevilla (703 000 hab.),
Toledo (82 000 hab.)

Moneda: **euro**

Idiomas: **castellano** (oficial), **catalán, vasco, gallego**

DEMOGRAFÍA

Alfabetismo: 97,9%

Religiones: **católica** (94%), **otras** (6%)

ESPAÑOLES CÉLEBRES

Miguel de Cervantes Saavedra
escritor (1547–1616)

Federico García Lorca
poeta (1898–1936)

Rafael Nadal
tenista (1986–   )

EN RESUMEN

1. España está en _____.

☐ Europa   ☐ Sudamérica
☐ El Caribe ☐ Norteamérica
☐ Centroamérica

2. ¿Cierto o falso?

C F Barcelona es la capital de España.

C F En Barcelona se habla catalán y castellano.

3. ¿Qué tradición, imagen o persona asocias con España?

La ciudad de Barcelona vista desde el Parque Güell
© 2007 RAUL TOUZON/National Geographic Image
Collection

Top left: Corrida de toros
Christian Martínez Kempin/iStockphoto.
com

Top center: Estatuas vivientes en
Las Ramblas, Barcelona
© 1994 MEDFORD TAYLOR/National
Geographic Image Collection

Top right: Museo del Jamón: un
bar de tapas en Madrid
Owen Franken/Corbis

Efigies gigantes en un desfile por Las Ramblas de Barcelona
© National Geographic Digital Motion

Antes de ver

En la avenida más conocida de Barcelona, Las Ramblas, existe un aire festivo que no tiene fin. Es una calle que nunca duerme: a toda hora, de día o de noche, hay músicos, bailarines, artistas de circo, estatuas vivientes y gente paseándose y divirtiéndose. Las Ramblas es un estilo de vida —una vida vibrante, alegre, llena de colores y de un espíritu artístico que entretiene a todos los que pasan por ahí. ¿Te gustaría visitar las calles de Barcelona para participar en la fiesta sin fin?

Act. 1 ESTRATEGIA Using visuals to aid comprehension

You can learn a lot from just looking at the visuals when you watch video. The scenes and images you see help you understand the language that you hear. Be sure to pay attention to the visuals as well as the narration. Look at the photos on pages 53 and 54 and write down some of the visuals that you see, in Spanish if you know the words, and in English if you don't.

1. _____

2. _____

3. _____

4. _____

Act. 2 VOCABULARIO NUEVO

Match the English definitions with the Spanish words. Try to do it without using a dictionary. Once you have finished, go to an online Spanish dictionary which pronounces the words in Spanish and listen to each word twice.

1. el ambiente	**a.** *to amuse oneself*
2. el espectáculo	**b.** *lifestyle*
3. improvisar	**c.** *atmosphere*
4. agradable	**d.** *vitality*
5. vitalidad	**e.** *it's worth it*
6. entretenerse	**f.** *show*
7. vale la pena	**g.** *to improvise*
8. el estilo de vida	**h.** *enjoyable, pleasant*
9. un montón	**i.** *truly*
10. verdaderamente	**j.** *without end*
11. sin fin	**k.** *a bunch*

Ver

Act. 3 LAS FRASES

As you watch the video, circle the answer that best relates to the phrase provided.

1. Muchas cosas ocurren, pero no están organizadas.
a. improvisar   b. entretener   c. bailar

2. Puedes salir a la calle por la noche y el ambiente siempre está animado y alegre.
a. sin gente   b. espectáculo   c. vitalidad

3. Puedes encontrar teatro y música de Argentina, de España, de África, de todo el mundo.
a. local   b. global   c. ambiental

4. Cosas que pasan en la calle nunca pasan en el teatro.
a. espontáneo   b. organizado   c. planeado

5. Las Ramblas... aquí tienes de todo.
a. calle   b. divertido   c. estilo de vida

Después de ver

Act. 4 ESCOGE

Pick the correct answer based on the video.

1. Los músicos, los bailarines, las estatuas vivientes, los actores de teatro, los espectáculos improvisados, todos contribuyen al ambiente _____.
a. solemne   b. festivo   c. triste

2. La vida en Barcelona ocurre en la _____.
a. calle   b. casa   c. tienda

3. Siempre hay _____ en la avenida Las Ramblas.
a. pájaros   b. deportes   c. gente

4. Las Ramblas es _____ porque puedes encontrar teatro de Argentina, de España, de África y de todo el mundo.
a. seria   b. divertida   c. educativa

5. Las Ramblas es la avenida en Barcelona y por todo Europa en la cual siempre vas a estar _____.
a. entretenido.   b. deprimido   c. ansioso

La fiesta nunca termina en Las Ramblas.
© National Geographic Digital Motion

53

Act. 5 ESCRIBE

Write the correct answer in the blank.

1. Andar por las calles de Barcelona es como estar en una _____ sin fin.

2. Algo muy típico en Barcelona es improvisar la _____.

3. El ambiente en la calle por la noche siempre está animado y _____.

4. El hombre de Amsterdam dice que la vida y la vitalidad de Barcelona es _____ y te inspira

5. Las florerías son _____.

6. La estatua viviente dice que Las Ramblas es una _____ de vivir.

En Las Ramblas se reúne todo tipo de personas: turistas y artistas.

© National Geographic Digital Motion

Act. 6 COMPRENSIÓN

After viewing the video as many times as you need to, answer the following questions in Spanish.

1. ¿Cómo es andar por las calles de Barcelona?

2. ¿Qué contribuye al ambiente festivo?

3. Según el turista, ¿dónde ocurre la vida?

4. ¿Qué es muy típico en Barcelona?

5. Según el hombre de Amsterdam, ¿cuándo está animado y alegre el ambiente en las calles de Barcelona?

6. ¿Por qué se siente él mejor en Barcelona que en Amsterdam?

7. ¿De dónde viene la música y el teatro?

8. Para el músico, ¿qué es bello?

9. ¿Qué dice el músico que pasa en Las Ramblas de algún modo u otro?

10. ¿Qué representa Las Ramblas, según la estatua viviente?

Act. 7 EXPANSIÓN

Paso 1. Pick one of the topics below for further research.

Conexiones (cultura, artes):
If you wanted to perform on the streets of Barcelona, what would you do?
Why would it be appropriate for the Barcelona atmosphere?

Comparaciones:
Can you think of a street in the United States that is as lively as Barcelona, all the time?

Paso 2. Conduct a web search for information about your topic. Select two or three relevant sources.

Paso 3. Using the information you've researched, write a short **resumen** of 3–5 sentences, in Spanish, which answers the questions and reports your findings. Be prepared to present your conclusions to the class.

Dos artistas callejeros toman un respiro entre actos.
cenk ertekin/iStockphoto.com

© National Geographic Maps

guatemala

© National Geographic Maps

INFORMACIÓN GENERAL

Nombre oficial: **República de Guatemala**

Nacionalidad: **guatemalteco(a)**

Área: **108 889 km²** (un poco más grande que el tamaño de Ohio)

Población: **14 099 032** (2011)

Capital: **Ciudad de Guatemala** (f. 1524) (1 075 000 hab.)

Otras ciudades importantes: **Mixco** (688 000 hab.), **Villa Nueva** (710 000 hab.)

Moneda: **quetzal**

Idiomas: **español** (oficial), **lenguas mayas y otras lenguas amerindias**

DEMOGRAFÍA

Alfabetismo: 69,1%

Religiones: **católica** (60%), **protestante y otras** (40%)

GUATEMALTECOS CÉLEBRES

Ricardo Arjona
cantautor (1964–)

Carlos Mérida
pintor (1891–1984)

Rigoberta Menchú
activista por los derechos humanos, Premio Nobel de la Paz (1959–)

EN RESUMEN

1. Guatemala está en _____.

☐ Europa   ☐ Sudamérica
☐ El Caribe   ☐ Norteamérica
☐ Centroamérica

2. ¿Cierto o falso?

C F Guatemala tiene costas solo en el Pacífico.

C F No hay ruinas mayas en Guatemala.

3. ¿Qué tradición, imagen o persona asocias con Guatemala?

Escena nocturna en el arco de Antigua
© 2011 RAUL TOUZON/National Geographic Image Collection

Top left: Vista del Lago de Atitlán   Top center: Mujer llevando flores   Top right: Ciudad de Tikal

kkgas/iStockphoto.com

Nicholas Monu/iStockphoto.com

Las ruinas de Tikal
Video supplied by BBC Motion Gallery

Antes de ver

Tikal es una gran ciudad maya en la densa selva de Guatemala. En el siglo XIX, cuando los primeros exploradores llegan a Tikal, tienen que usar machetes para abrir camino hacia la ciudad. Lo que ven —unas torres misteriosas flotando sobre la selva— parece una imagen de libros de fantasía. Eric Thompson, un arqueólogo inglés que estudió la civilización maya, habla de sus aventuras en la selva cuando por primera vez ve a Tikal, en 1928. ¿Te lo puedes imaginar?

Act. 1 ESTRATEGIA Viewing a segment several times

When you first hear authentic Spanish, it may sound very fast. Stay calm! Remember that you don't have to understand everything and that, with video, you have the opportunity to replay. The first time you view the segment, listen for the general idea. The second time, listen for details. Based on the above introduction, what do you think the main idea is? Can you list at least one detail?

1. Main idea: _____

2. Detail: _____

Act. 2 VOCABULARIO NUEVO

Match the English definitions with the Spanish words. Try to do it without using a dictionary. Once you have finished, go to an online Spanish dictionary which pronounces the words in Spanish and listen to each word twice.

1. de repente   **a.** *terrain*

2. la piedra   **b.** *at first sight*

3. a primera vista   **c.** *squared*

4. abrir camino a machetazos   **d.** *stone; rock*

5. el terreno   **e.** *suddenly*

6. la torre   **f.** *pilgrimage*

7. el espejismo   **g.** *to hack away*

8. río arriba   **h.** *tower*

9. el peregrinaje   **i.** *upriver*

10. restaurar   **j.** *to restore*

11. cuadrada   **k.** *mirage*

Ver

Act. 3 LAS FRASES

As you watch the video, circle the answer that DOES NOT relate to the word or phrase provided.

1. selva
   a. densa   b. vegetación   c. avión

2. Tikal
   a. ciudad   b. aire   c. arquitectura maya

3. Eric Thompson
   a. gobierno   b. arqueólogo   c. inglés

4. las torres
   a. hostiles   b. misteriosas   c. libros de fantasía

5. los exploradores
   a. canoa   b. avión   c. burro

6. la plaza central
   a. templos   b. árboles   c. pirámides

Después de ver

Act. 4 ESCOGE

Pick the correct answer based on the video.

1. Tikal es la _____ más grande de toda la arquitectura maya.
   a. piedra   b. selva   c. ciudad

2. Tikal es una ciudad de _____.
   a. piedra   b. selva   c. vegetación

3. Eric Thompson es el famoso _____ inglés que estudió la civilización maya.
   a. abogado   b. arqueólogo   c. médico

4. Los primeros exploradores llegaron a Tikal en el siglo _____.
   a. dieciséis   b. dieciocho   c. diecinueve

5. El señor Thompson llega a Tikal en _____.
   a. 1928   b. 1929   c. 1930

Uno de los varios edificios de la ciudad de Tikal, que ha quedado intacto después de miles de años sin uso

Video supplied by BBC Motion Gallery

59

Act. 5 ESCRIBE

Write the correct answer in the blank.

1. Tikal es una ciudad de la civilización _____.

2. Los primeros exploradores ven unas torres misteriosas sobre la _____.

3. El arqueólogo Thompson viaja primero en _____ y luego en mula.

4. El señor Thompson dice que ir a Tikal es como hacer un _____ a Roma o Canterbury.

5. La Universidad de Pensilvania y el _____ de Guatemala restauran Tikal durante años.

6. La ciudad de Tikal cubre _____ millas cuadradas en su esplendor original.

Edificio antiguo en medio de la selva
Video supplied by BBC Motion Gallery

Act. 6 COMPRENSIÓN

After viewing the video as many times as you need to, answer the following questions in Spanish.

1. ¿Dónde está Tikal?

2. ¿De qué está hecha Tikal?

3. ¿De qué civilización es Tikal?

4. ¿Cuándo llegan a Tikal los primeros exploradores?

5. ¿Qué ven los exploradores después de semanas de excursión?

6. ¿En qué año llega a Tikal el arqueólogo inglés Eric Thompson?

7. ¿Qué dos medios de transporte tiene que usar Eric Thompson para llegar a Tikal?

8. ¿A qué ciudades compara Tikal el arqueólogo Thompson?

9. ¿Qué dos instituciones restauran Tikal durante años?

10. ¿Cuántas millas cuadradas cubre la ciudad original de Tikal?

Act. 7 EXPANSIÓN

Paso 1. Pick one of the topics below for further research.

Conexiones (arqueología, historia):
Find out more about Tikal, the great Mayan city in the jungles of Guatemala. Who first discovered Tikal?
In what year?
What was the reaction of the archaelogical community?

Comparaciones:
Do you know of any other lost cities of ancient civilizations that were discovered in similarly hostile terrain?
When were they discovered and by whom?

Paso 2. Conduct a web search for information about your topic. Select two or three relevant sources.

Paso 3. Using the information you've researched, write a short **resumen** of 3–5 sentences, in Spanish, which answers the questions and reports your findings. Be prepared to present your conclusions to the class.

Vista aérea de Tikal
© 1981 OTIS IMBODEN/National Geographic Image Collection

© National Geographic Maps

honduras

© National Geographic Maps

INFORMACIÓN GENERAL

Nombre oficial: **República de Honduras**

Nacionalidad: **hondureño(a)**

Área: **112 090 km²** (aproximadamente el tamaño de Pennsylvania)

Población: **8 296 693** (2011)

Capital: **Tegucigalpa** (f. 1762) (1 000 000 hab.)

Otras ciudades importantes: **San Pedro Sula** (873 000 hab.), **El Progreso** (200 000 hab.)

Moneda: **lempira**

Idiomas: **español** (oficial), **dialectos amerindios**

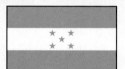

DEMOGRAFÍA

Alfabetismo: 80%

Religiones: **católica** (97%), **protestante** (3%)

HONDUREÑOS CÉLEBRES

Lempira
héroe indígena (1499–1537)

Ramón Amaya Amador
escritor (1916–1966)

José Antonio Velásquez
pintor (1906–1983)

David Suazo
futbolista (1979–   )

EN RESUMEN

1. Honduras está en _____.

☐ Europa   ☐ Sudamérica
☐ El Caribe ☐ Norteamérica
☐ Centroamérica

2. ¿Cierto o falso?

C F Honduras comparte una frontera y una costa pacífica con El Salvador.

C F Tegucigalpa es la capital y la ciudad más grande de Honduras.

3. ¿Qué tradición, imagen o persona asocias con Honduras?

Una pareja de delfines da un salto en las costas de la Isla de Roatán.
© 2008 ALASKA STOCK LLC/National Geographic Image Collection

Top left: Ruinas de Copán
Diego Lezama Orezzoli/Corbis

Top center: Vendedor de camisetas de la selección de

Top right: Hibiscos naciendo a los pies de las palmeras, Isla de

Vista aérea de la ciudad de Tegucigalpa
© Cengage Learning, 2014

Antes de ver

¿Qué hay para el visitante en Tegucigalpa, Honduras? Como es una ciudad situada en un bello valle y rodeada de colinas, Tegucigalpa ofrece actividades para todos. En el Parque El Picacho o el Parque La Leona, puedes disfrutar de vistas espectaculares de la ciudad desde los miradores. Si te interesa la arquitectura colonial, el centro histórico tiene unos ejemplos impresionantes, como la Basílica de Suyapa. Para la persona a quien le gusta ir de compras, hay mercados para comprar artesanías que reflejan la cultura indígena. Tegucigalpa te da la bienvenida con brazos abiertos.

Act. 1 ESTRATEGIA Using questions as an advance organizer

A way to prepare yourself to watch a video segment is to familiarize yourself with the questions you will answer after viewing the segment. Before you watch the video, use the questions in **Act. 6** to come up with a short list of information you will want to listen for as you watch the video.

1. _____

2. _____

3. _____

4. _____

5. _____

Act. 2 VOCABULARIO NUEVO

Match the English definitions with the Spanish words. Try to do it without using a dictionary. Once you have finished, go to an online Spanish dictionary which pronounces the words in Spanish and listen to each word twice.

1. rodeado(a)   **a.** *to relax*

2. la colina   **b.** *art piece*

3. el mirador   **c.** *surrounded by*

4. nacido(a)   **d.** *born*

5. relajarse   **e.** *hill*

6. la estatua   **f.** *pleasant*

7. pintoresco(a)   **g.** *scenic overlook*

8. el junco   **h.** *reed*

9. el objeto de arte   **i.** *statue*

10. agradable   **j.** *picturesque*

64

Ver

Act. 3 LAS FRASES

As you watch the video, circle the answer that better relates to the phrase provided.

1. Tegucigalpa

   a. ciudad más grande de Honduras   b. ciudad más pequeña de Honduras

2. la colina El Picacho

   a. calles pintorescas   b. gran monumento

3. el centro histórico de Tegucigalpa

   a. arquitectura colonial   b. estadio de fútbol

4. la Plaza Central

   a. estatua de Francisco Morazán   b. el Cristo de Picacho

5. el Parque La Leona

   a. relajarse   b. comprar artesanías

6. el mercado La Isla

   a. estatua de Manuel Bonilla   b. artesanía indígena

Después de ver

Act. 4 ESCOGE

Pick the correct answer based on the video.

1. El Picacho es una colina al _____ de Tegucigalpa.

   a. oeste   b. este.   c. norte

2. Desde el mirador del Parque Nacional El Picacho, puedes ver _____.

   a. la Catedral de San Miguel   b. el estadio de fútbol   c. el Teatro Nacional Manuel Bonilla

3. La Catedral de San Miguel es un bello ejemplo de _____.

   a. la arquitectura colonial   b. la artesanía indígena   c. las especies nativas

4. El general Manuel Bonilla es un _____.

   a. arquitecto   b. expresidente de Honduras   c. artista

5. En el Mercado La Isla, puedes comprar productos que reflejan _____.

   a. los importantes museos   b. las calles pintorescas   c. la cultura indígena

En la Plaza Central muchos hondureños pasan su tiempo libre.
© Cengage Learning, 2014

65

Act. 5 ESCRIBE

Write the correct answer in the blank.

1. Tegucigalpa es la _____ de Honduras.
2. Tegucigalpa está _____ de colinas.
3. La colina más _____ es El Picacho.
4. La Plaza Central está _____ la Catedral.
5. En el Parque La Leona puedes _____ por los hermosos jardines.
6. En la zona histórica, puedes andar por las _____ pintorescas.

Vista panorámica de Tegucigalpa
desde el Parque La Leona
© Cengage Learning, 2014

Act. 6 COMPRENSIÓN

After viewing the video as many times as you need to, answer the following questions in Spanish.

1. ¿Cómo se llama la ciudad capital de Honduras?
2. ¿Es la capital la ciudad más grande o más pequeña de Honduras?
3. ¿Dónde está El Picacho en relación a la ciudad?
4. ¿Qué puedes ver en el zoológico del Parque Nacional El Picacho?
5. ¿Dónde hay bellos ejemplos de la arquitectura colonial en Tegucigalpa?
6. ¿Quién es Francisco Morazán?
7. ¿Quién es Manuel Bonilla?
8. ¿Qué institución de mucho prestigio lleva el nombre de Manuel Bonilla?
9. ¿Qué otras instituciones importantes hay en la zona histórica?
10. ¿Qué artesanías puedes comprar en el mercado La Isla?

Act. 7 EXPANSIÓN

Paso 1. Pick one of the topics below for further research.

Conexiones (arte):
What do you know about indigenous Honduran artwork?
Can you find examples of art pieces or products from Honduras that you
would like to own?

Comparaciones:
Is there any indigenous artwork sold in your town or state?
What culture does it come from?
Compare the materials and the themes with the Honduran artwork you saw
in the video.

Paso 2. Conduct a web search for information about your topic. Select two or three
relevant sources.

Paso 3. Using the information you've researched, write a short **resumen** of 3–5 sentences,
in Spanish, which answers the questions and reports your findings. Be prepared to present
your conclusions to the class.

Arte maya, Templo de Rosalila, Copán
Dave Rock/Shutterstock.com

© National Geographic Maps

© National Geographic Maps

INFORMACIÓN GENERAL

Nombre oficial: **Estados Unidos Mexicanos**

Nacionalidad: **mexicano(a)**

Área: **1 964 375 km²** (aproximadamente 4 veces y media el tamaño de California)

Población: **114 975 406** (2011)

Capital: **México, D.F.** (f. 1521) (8 851 080 hab.)

Otras ciudades importantes: **Guadalajara** (4 338 000 hab.), **Monterrey** (3 838 000 hab.), **Puebla** (2 278 000 hab.)

Moneda: **peso** (mexicano)

Idiomas: **español** (oficial), **náhuatl, maya, zapoteco, mixteco, otomi, totonaca** (se hablan aproximadamente 280 idiomas)

DEMOGRAFÍA

Alfabetismo: 86,1%

Religiones: **católica** (76,5%), **protestante** (5,2%), **testigos de Jehová** (1.1%), **otras** (17,2%)

MEXICANOS CÉLEBRES

Octavio Paz
escritor, Premio Nobel de Literatura (1914–1998)

Diego Rivera
pintor (1886–1957)

Frida Kahlo
pintora (1907–1954)

Emiliano Zapata
revolucionario (1879–1919)

EN RESUMEN

1. México está en _____.

☐ Europa   ☐ Sudamérica
☐ El Caribe   ☐ Norteamérica
☐ Centroamérica

2. ¿Cierto o falso?

C F No hay lugares en México para hacer kayaking.

C F Agua Azul es un área de cataratas, ríos y cuevas en el estado de Chiapas, México.

3. ¿Qué tradición, imagen o persona asocias con México?

Castillo de Chichén-Itzá
© 2003 STEVE WINTER/National
Geographic Image Collection

Top left: Alfarería típica de
Oaxaca
Monica Rodriguez/Lifesize/Getty Images

Top center: Celebración del Día
de los Muertos en un cementerio
© RAUL TOUZON/National
Geographic Image Collection

Top right: Mariposas monarcas
© 2010 JOEL SARTORE/National
Geographic Image Collection

kkgas/iStockphoto.com

Mariposas monarcas
© National Geographic Digital Motion

Antes de ver

México es un mosaico de muchas imágenes: modernas, tradicionales, indígenas, católicas, antiguas y naturales. Pasea por un México muy diverso: de la ciudad capital moderna y enorme a las cataratas dramáticas de Agua Azul, a las ruinas mayas de Palenque y Tulum, o a Michoacán para ver las mariposas monarcas que viajan de Canadá y los Estados Unidos cada año para pasar el invierno en México. O participa en uno de las celebraciones nacionales, como el Día de la Independencia o el Día de los Muertos. ¡Viva México!

Act. 1 ESTRATEGIA Using visuals to aid comprehension

You can learn a lot from just looking at the visuals when you watch video. The scenes and images you see help you understand the language that you hear. Be sure to pay attention to the visuals as well as to the narration. What visuals do you think will accompany the following words?

1. imágenes tradicionales _____

2. imágenes modernas _____

3. imágenes de la naturaleza _____

4. imágenes antiguas _____

Act. 2 VOCABULARIO NUEVO

Match the English definitions with the Spanish words. Try to do it without using a dictionary. Once you have finished, go to an online Spanish dictionary which pronounces the words in Spanish and listen to each word twice.

1. el rascacielos		**a.** *priest*
2. el laberinto		**b.** *main square*
3. la catarata		**c.** *at the shoreline*
4. ruidoso(a)		**d.** *labyrinth*
5. la noche anterior		**e.** *to pass away, to die*
6. el zócalo		**f.** *waterfall*
7. el grito		**g.** *skyscraper*
8. fallecer		**h.** *the night before, eve*
9. el sacerdote		**i.** *noisy*
10. la ubicación		**j.** *location*
11. a las orillas		**k.** *shout*
12. la mariposa		**l.** *butterfly*

Ver

Act. 3 LAS FRASES

As you watch the video, circle the word or phrase that describes the cue.

1. imágenes modernas
   a. rascacielos y tráfico   b. mercados y mariachis

2. imágenes tradicionales
   a. los charros y el ballet folclórico   b. el metro y los centros comerciales

3. la Ciudad de México
   a. más pequeña del mundo   b. más grande del mundo

4. Agua Azul
   a. lagos de agua azul   b. ríos de agua azul

5. las mariposas monarcas
   a. Michoacán   b. Chiapas

Después de ver

Act. 4 ESCOGE

Pick the correct answer based on the video.

1. La Ciudad de México también se llama _____
   a. Palenque   b. el Distrito Federal   c. Nueva York

2. Agua Azul está en _____.
   a. la selva tropical   b. el desierto   c. las montañas

3. Las mariposas monarcas viajan a México desde _____.
   a. Europa   b. Centroamérica   c. Canadá y los Estados Unidos

4. El Día de la Independencia de México es el _____.
   a. 5 de mayo   b. 16 de septiembre   c. 4 de julio

5. El Día de los Muertos se celebra el _____.
   a. 1º de noviembre   b. 25 de diciembre   c. 1º de enero

Cataratas de Agua Azul, estado de Chiapas
© National Geographic Digital Motion

Act. 5 ESCRIBE

Write the correct answer in the blank.

1. El Distrito Federal es la ciudad más _____ del mundo.

2. El primer grito de independencia lo da el cura Miguel Hidalgo y Costilla en el año _____.

3. El Día de los Muertos es un día de _____ y festividades.

4. El Día de los Muertos tiene sus orígenes en costumbres aztecas que tienen más de _____ años.

5. Palenque es una _____ maya.

6. Tulum tiene una _____ pequeña al lado del Castillo.

La Plaza de la Constitución, también conocida como El Zócalo, es el lugar de todo tipo de celebración popular.
© National Geographic Digital Motion

Act. 6 COMPRENSIÓN

After viewing the video as many times as you need to, answer the following questions in Spanish.

1. ¿Qué otro nombre tiene la Ciudad de México?

2. ¿Cuántos habitantes tiene el área metropolitana de la Ciudad de México?

3. ¿Qué forman los ríos de Agua Azul?

4. ¿Cuál es el gran misterio de las mariposas monarcas?

5. ¿Qué marca el 16 de septiembre para los mexicanos?

6. ¿En qué pueblo se oye el Grito de la Independencia en el año 1810?

7. ¿En qué civilización antigua tiene sus orígenes el Día de los Muertos?

8. ¿Por qué es Palenque un sitio arqueológico muy importante?

9. ¿Quiénes vivían en Palenque?

10. ¿En qué mar está situado Tulum?

Act. 7 EXPANSIÓN

Paso 1. Pick one of the topics below for further research.

Conexiones (historia):
Find out more about **El Grito de la Independencia:** where it happened, what it signified, who was behind it and why.

Comparaciones:
Do you and your family celebrate any holidays like El Día de la Independencia or El Día de los Muertos?
What do you do?
What personal meaning does the holiday have for you?

Paso 2. Conduct a web search for information about your topic. Select two or three relevant sources.

Paso 3. Using the information you've researched, write a short **resumen** of 3–5 sentences, in Spanish, which answers the questions and reports your findings. Be prepared to present your conclusions to the class.

Altar tradicional del Día de los Muertos en el pueblo fronterizo de Terlingua, Estados Unidos
Erich Schlegel/Corbis

© National Geographic Maps

nicaragua

© National Geographic Maps

INFORMACIÓN GENERAL

Nombre oficial: **República de Nicaragua**

Nacionalidad: **nicaragüense**

Área: **130 370 km²** (aproximadamente el tamaño del estado de Nueva York)

Población: **5 727 707** (2011)

Capital: **Managua** (f. 1522) (934 000 hab.)

Otras ciudades importantes: **León** (175 000 hab.), **Chinandega** (151 000 hab.)

Moneda: **córdoba**

Idiomas: **español** (oficial), **inglés, miskito y otras lenguas indígenas en la costa atlántica**

DEMOGRAFÍA

Alfabetismo: 67,5%

Religiones: **católica** (58,5%), **evangélica** (21,6%), **otras** (4,2%), **sin afiliación** (15,7%)

NICARAGÜENSES CÉLEBRES

Rubén Darío
poeta, padre del modernismo literario (1867–1916)

Violeta Chamorro
periodista, ex presidenta (1929–)

Ernesto Cardenal
sacerdote, poeta (1925–)

EN RESUMEN

1. Nicaragua está en _____.

☐ Europa   ☐ Sudamérica
☐ El Caribe   ☐ Norteamérica
☐ Centroamérica

2. ¿Cierto o falso?

C F Nicaragua es el país más pequeño de Centroamérica.

C F Granada es una ciudad colonial en Nicaragua.

3. ¿Qué tradición, imagen o persona asocias con Nicaragua?

El volcán Concepción es uno de los dos volcanes de la Isla de Ometepe, en el Lago Cocibolca.
Steven Allan/iStockphoto.com

Top left: Catedral de León
Ocean/Corbis

Top center: Músicos tocando la guitarra y el acordeón

Top right: Pitaya, fruta típica de Centroamérica

kkgas/iStockphoto.com

Nicholas Monu/iStockphoto.com

Vista de una bahía nicaragüense
© Cengage Learning, 2014

Antes de ver

Nicaragua, el país más grande de Centroamérica, posee una gran belleza natural, con sus lagos, volcanes, lagunas e islas. También tiene costas en el océano Pacífico y el mar Caribe. El terremoto de 1972 destruyó Managua, la capital, pero fue reconstruida y hoy día hay muchas construcciones modernas, como la Nueva Catedral y la Concha Acústica. En Granada, una bella ciudad histórica, se puede ver arquitectura colonial bien conservada. Y la artesanía de Masaya es un gran tesoro nacional. Nicaragua tiene de todo para el viajero aventurero.

Act. 1 ESTRATEGIA Using background knowledge to anticipate content

If you have a rough idea of the content of a video segment, you can predict what other information it may contain. Think about the topic and ask yourself what vocabulary you associate with it. By organizing your thoughts in advance, you prepare yourself to understand the content more easily. Write down three things you already know about Nicaragua.

1. History: _____

2. Nature: _____

3. Architecture: _____

Act. 2 VOCABULARIO NUEVO

Match the English definitions with the Spanish words. Try to do it without using a dictionary. Once you have finished, go to an online Spanish dictionary which pronounces the words in Spanish and listen to each word twice.

1. el clima	**a.** *overpass*
2. la orilla	**b.** *traffic circle*
3. nicaragüense	**c.** *primitivism (an art style)*
4. la rotonda	**d.** *climate*
5. el paso a nivel	**e.** *exhibition*
6. el malecón	**f.** *shore (lake)*
7. la edificación	**g.** *Nicaraguan*
8. la exposición	**h.** *construction, building*
9. la hamaca	**i.** *hammock*
10. primitivismo	**j.** *seafront*

Ver

Act. 3 LAS FRASES
As you watch the video, circle the word or phrase that describes the cue.

1. **Managua**
   a. ciudad capital   b. pueblo

2. **Nicaragua**
   a. país más grande de Centroamérica   b. país más pequeño de Centroamérica

3. **el Lago de Nicaragua**
   a. lago grande   b. lago pequeño

4. **Augusto César Sandino**
   a. poeta   b. héroe nacional

5. **Rubén Darío**
   a. poeta   b. escultor

Después de ver

Act. 4 ESCOGE
Pick the correct answer based on the video.

1. Nicaragua es un país de lagos y _____.
   a. desiertos   b. volcanes   c. nieve

2. En 1972, un _____ destruye Managua.
   a. tornado   b. huracán   c. terremoto

3. El Lago de Nicaragua es el lago más _____ de Centroamérica.
   a. pequeño   b. limpio   c. grande

4. La Laguna de Tiscapa es de _____ volcánico.
   a. origen   b. lago   c. terremoto

5. Granada es una ciudad _____.
   a. moderna   b. colonial   c. indígena

Uno de los muchos volcanes que forman parte de Nicaragua
© Cengage Learning, 2014

Act. 5 ESCRIBE

Write the correct answer in the blank.

1. La Nueva Catedral en Managua es una edificación _____.

2. El Teatro Rubén Darío fue nombrado por el famoso poeta _____.

3. La iglesia y convento de San Francisco es una de las edificaciones más _____ del continente americano.

4. La Casa de los Tres Mundos es un _____ cultural.

5. Se puede comprar bella artesanía en los _____ tradicionales de Masaya.

6. En el mercado se pueden ver _____ del primitivismo.

Monumento a Augusto César Sandino, héroe de la revolución, en la Loma de Tiscapa
© Cengage Learning, 2014

Act. 6 COMPRENSIÓN

After viewing the video as many times as you need to, answer the following questions in Spanish.

1. ¿Qué país es el más grande de Centroamérica?

2. ¿Nicaragua tiene costas en qué océano y qué mar?

3. ¿Cuál es la capital de Nicaragua?

4. ¿En qué lago está situada Managua?

5. ¿Qué lago es el más grande de toda Centroamérica?

6. ¿Quién es Augusto César Sandino?

7. ¿Qué pasó en 1972 en Managua?

8. ¿Quién es Rubén Darío?

9. ¿Qué clase de arquitectura se ve en Granada?

10. ¿Qué clase de proyectos artísticos hay en La Casa de las Tres Culturas?

Act. 7 EXPANSIÓN

Paso 1. Pick one of the topics below for further research.

Conexiones (literatura):
Who is Rubén Darío?
What is he famous for?

Comparaciones:
What is primitivist art?
Are there any famous American primitivist artists?
Compare their work to the primitivist Nicaraguan paintings in the video.

Paso 2. Conduct a web search for information about your topic. Select two or three relevant sources.

Paso 3. Using the information you've researched, write a short **resumen** of 3–5 sentences, in Spanish, which answers the questions and reports your findings. Be prepared to present your conclusions to the class.

Monumento al poeta Rubén Darío, en Managua
Buddy Mays/Corbis

panamá

© National Geographic Maps

© National Geographic Maps

INFORMACIÓN GENERAL

Nombre oficial: **República de Panamá**

Nacionalidad: **panameño(a)**

Área: **75 420 km²** (aproximadamente la mitad del tamaño de Florida)

Población: **3 510 045** (2011)

Capital: **Panamá** (f. 1519) (1 346 000 hab.)

Otras ciudades importantes: **San Miguelito** (294 000 hab.), **David** (83 000 hab.)

Moneda: **balboa** (oficial), **dólar estadounidense** (circulante)

Idiomas: **español** (oficial), **inglés**

DEMOGRAFÍA

Alfabetismo: 91,9%

Religiones: **católica** (85%), **protestante** (15%)

PANAMEÑOS CÉLEBRES

Rubén Blades
cantautor, actor, abogado, político (1948–)

Omar Torrijos
militar, presidente (1929–1981)

Joaquín Beleño
escritor y periodista (1922–1988)

EN RESUMEN

1. Panamá está en _____.

☐ Europa   ☐ Sudamérica
☐ El Caribe   ☐ Norteamérica
☐ Centroamérica

2. ¿Cierto o falso?

C F La Isla de Barro Colorado es una selva tropical panameña.

C F El Instituto Smithsonian de Investigaciones Tropicales se encuentra en una isla de Panamá.

3. ¿Qué tradición, imagen o persona asocias con Panamá?

Vista del Casco Antiguo de Panamá
© 2008 Kike Calvo/National Geographic
Image Collection

Top left: El "Diablo Rojo": un autobús famoso en la ciudad de Panamá
Holger Mette/iStockphoto.com

Top center: Árbol de caoba en una selva tropical
© 2011 STEPHEN ST. JOHN/National Geographic Image Collection

Top right: Una mola, tejido tradicional de los kuna
traveler1116/iStockphoto.com

kkgas/iStockphoto.com

Nicholas Monu/iStockphoto.com

La densa vegetación cubre la isla Barro Colorado.
© National Geographic Digital Motion

Antes de ver

En medio del Canal de Panamá, hay una isla que contiene todos los elementos de un gran misterio: ¿cómo existe una comunidad de vida tan extraordinaria en la selva tropical? Unos científicos de diferentes partes del mundo vienen a esta isla pequeña para investigar la lucha por la existencia de todas las criaturas y también de los árboles. Entra al Instituto Smithsonian de Investigaciones Tropicales para conocer a los bellos habitantes de esta selva panameña y a los científicos que están enamorados de ellos.

Act. 1 ESTRATEGIA Watching facial expressions

Watching facial expressions aids comprehension when watching a video. A frown, a raised eyebrow, a laugh are gestures that can help you decipher the speaker's meaning. Write down five facial expressions that you think a scientist who loves their work in the jungle might have on their face as they describe their work.

1. _____
2. _____
3. _____
4. _____
5. _____

Act. 2 VOCABULARIO NUEVO

Match the English definitions with the Spanish words. Try to do it without using a dictionary. Once you have finished, go to an online Spanish dictionary which pronounces the words in Spanish and listen to each word twice.

1. el amanecer	**a.** *to confront*
2. la mitad	**b.** *treasure*
3. sostener	**c.** *countless, endless*
4. la lucha	**d.** *half*
5. el conocimiento científico	**e.** *scientific knowledge*
6. el tesoro	**f.** *dawn*
7. enfrentar	**g.** *danger*
8. el peligro	**h.** *to sustain*
9. descifrar	**i.** *with certainty*
10. estorbar	**j.** *struggle, battle*
11. molestar	**k.** *to decipher*
12. desarrollar	**l.** *to obstruct, disturb*
13. con certeza	**m.** *to bother*
14. a medida que	**n.** *as*
15. un sinnúmero	**o.** *to develop, evolve, unfold*

Ver

Act. 3 LAS FRASES

As you watch the video, circle the word or phrase that describes the cue.

1. Barro Colorado
   a. península   b. isla

2. la selva tropical de Barro Colorado
   a. menos de la mitad de las especies del planeta   b. más de la mitad de las especies del planeta

3. animal y planta
   a. lucha   b. colaboración

4. el tesoro
   a. el conocimiento científico   b. el peligro

5. un área protegida
   a. en el Canal de Panamá   b. en el Mar Caribe

Después de ver

Act. 4 ESCOGE

Pick the correct answer based on the video.

1. Barro Colorado es una _____ .
   a. selva mexicana   b. isla panameña   c. isla hondureña

2. El Instituto Smithsonian de Investigaciones Tropicales tiene _____ .
   a. instalaciones científicas   b. construcciones coloniales   c. islas salvajes

3. Los científicos vienen al Instituto para _____ los misterios de la selva tropical.
   a. desarrollar   b. estorbar   c. descifrar

4. La isla es ideal para los estudios científicos porque está _____ .
   a. desarrollada   b. poblada   c. protegida

5. Se sabe con certeza que el _____ está al centro del misterio de la selva.
   a. instituto   b. árbol   c. científico

Amanecer en la isla Barro Colorado
© National Geographic Digital Motion

83

Act. 5 ESCRIBE

Write the correct answer in the blank.

1. La isla de Barro Colorado es una _____ tropical.

2. La selva se sostiene por la colaboración entre _____ y planta.

3. La selva ha producido más de la mitad de las _____ en el planeta Tierra.

4. Barro Colorado es un área _____ en medio del Canal de Panamá.

5. En Barro Colorado se desarrolla uno de los misterios más grandes de la _____.

6. Un solo _____ afecta la vida de muchas criaturas.

La comunidad natural de Panamá es motivo de estudios científicos.
© National Geographic Digital Motion

Act. 6 COMPRENSIÓN

After viewing the video as many times as you need to, answer the following questions in Spanish.

1. ¿Qué es Barro Colorado?

2. ¿Qué clase de bosque hay en Barro Colorado?

3. ¿Cómo se sostiene la selva?

4. ¿Cuántas especies ha producido la selva de Barro Colorado?

5. ¿Qué tiene que enfrentar el científico que viaja a la isla?

6. ¿Qué instituto se encuentra en la isla?

7. ¿Desde dónde vienen los científicos para hacer sus investigaciones allí?

8. ¿Qué se desarrolla en la selva tropical de Barro Colorado?

9. ¿Cuál es ese misterio?

10. ¿Qué está al centro del misterio?

Act. 7 EXPANSIÓN

Paso 1. Pick one of the topics below for further research.

Conexiones (ciencias, ecología):
Find out more about one of the species on Barro Colorado Island. Try to find a detail about the species that is unusual, or that you did not know before.

Comparaciones:
Do you know of any scientists that have done research at the Smithsonian Institute on Barro Colorado Island?
Research one and elaborate on at least one detail about his or her work there.

Paso 2. Conduct a web search for information about your topic. Select two or three relevant sources.

Paso 3. Using the information you've researched, write a short **resumen** of 3–5 sentences, in Spanish, which answers the questions and reports your findings. Be prepared to present your conclusions to the class.

Pájaro barranquero, típico de la isla Barro Colorado
Frank Leung/iStockphoto.com

paraguay

© National Geographic Maps

© National Geographic Maps

INFORMACIÓN GENERAL

Nombre oficial: **República del Paraguay**

Nacionalidad: **paraguayo(a)**

Área: **406 752 km²** (aproximadamente el tamaño de California)

Población: **6 541 591** (2011)

Capital: **Asunción** (f. 1537)
(1 977 000 hab.)

Otras ciudades importantes:
Ciudad del Este (321 000 hab.),
San Lorenzo (271 000 hab.)

Moneda: **guaraní**

Idiomas: **español** y **guaraní** (oficiales)

DEMOGRAFÍA

Alfabetismo: 94%

Religiones: **católica** (89,6%),
protestante (6,2%), **otras** (3,1%),
sin afiliación (1,1%)

PARAGUAYOS CÉLEBRES

Augusto Roa Bastos
escritor, Premio Cervantes de Literatura
(1917–2005)

José Luis Chilavert
futbolista (1965–)

Olga Blinder
pintora, escultora (1921–2008)

Berta Rojas
guitarrista (1966–)

EN RESUMEN

1. Paraguay está en _____.

☐ Europa   ☐ Sudamérica
☐ El Caribe   ☐ Norteamérica
☐ Centroamérica

2. ¿Cierto o falso?

C F Paraguay tiene solo un idioma oficial.

C F Los argentinos traen el arpa tradicional a Paraguay.

3. ¿Qué tradición, imagen o persona asocias con Paraguay?

Las Cataratas del Iguazú, uno de los espectáculos naturales más imponentes
Jose Antonio Santiso Fernández/
iStockphoto.com

Top left: Arpa paraguaya
© 2005 AMY WHITE & AL PETTEWAY/
National Geographic Image Collection

Top center: Celebración del Bicentenario de Paraguay en Asunción
Luis Vera/LatinContent/Getty Images

Top right: Detalle de una iglesia guaraní del siglo XVI
© 1981 O. LOUIS MAZZATENTA/
National Geographic Image Collection

kkgas/iStockphoto.com

El arpa paraguaya es el instrumento principal de la música regional paraguaya.
© National Geographic Digital Motion

Antes de ver

Paraguay es un país bilingüe: tiene dos idiomas oficiales, el español y el guaraní. También es un país que une el presente y el pasado, con sus ruinas coloniales y sus rascacielos modernos. Al centro del espíritu paraguayo está un instrumento musical que es único —el arpa paraguaya. El arpa tradicional llega a Paraguay en 1526 con los conquistadores españoles. Los paraguayos adaptan el instrumento e inventan un arpa liviana hecha de madera americana sin ninguna parte metálica. Paraguay es una tierra linda de "aguas adornadas", como indica el significado de su nombre en guaraní.

Act. 1 ESTRATEGIA Listening for cognates and key words

When listening to authentic speech, it is important to listen for key words. In this video segment, many of the key words are cognates. While you may recognize these words immediately in their written form, listen carefully. They are pronounced quite differently in their written form. Write down the English equivalent of the following cognates.

1. ruinas _____
2. metropolitana _____
3. estructura _____
4. artístico _____
5. tradicional _____

Act. 2 VOCABULARIO NUEVO

Match the English definitions with the Spanish words. Try to do it without using a dictionary. Once you have finished, go to an online Spanish dictionary which pronounces the words in Spanish and listen to each word twice.

1. unir		a. *harmony*
2. el rascacielos		b. *string*
3. aproximadamente		c. *to unite*
4. el arpa		d. *light (in weight)*
5. la adaptación		e. *skyscraper*
6. utilizar		f. *metallic*
7. la cuerda		g. *approximately*
8. metálico(a)		h. *harp*
9. liviano(a)		i. *adaptation*
10. la armonía		j. *to utilize, use*

Ver

Act. 3 LOS COGNADOS

As you watch the video, write as many cognates as you can in Spanish, and then write their English equivalent.

1. _____

2. _____

3. _____

4. _____

5. _____

6. _____

Después de ver

Act. 4 ESCOGE

Pick the correct answer based on the video.

1. Paraguay une el presente y _____ .
   a. el pasado   b. el arpa   c. el área metropolitana

2. En Asunción hay edificios coloniales y _____ .
   a. viejos   b. modernos   c. feos

3. En el mercado principal, se hacen las _____ diarias.
   a. calles   b. frutas   c. compras

4. Los españoles traen _____ tradicional a Paraguay en 1526.
   a. las cuerdas   b. la madera americana   c. el arpa

5. Los paraguayos adaptan el arpa utilizando _____ americana.
   a. madera   b. cuerda   c. música

Un tradicional mercado paraguayo, donde se venden alimentos frescos.
© National Geographic Digital Motion

Act. 5 ESCRIBE

Write the correct answer in the blank.

1. El _____ metropolitana se conoce como Gran Asunción.

2. El Palacio de Gobierno está en la _____ histórica.

3. Los vegetales, pescados y frutas se compran en el _____ tradicional.

4. El arpa paraguaya es un _____ muy liviano.

5. El guaraní es la _____ nativa de los guaraníes.

6. Paraguay es un país _____ porque tiene dos idiomas oficiales.

Vista de Asunción, la ciudad capital
© National Geographic Digital Motion

Act. 6 COMPRENSIÓN

After viewing the video as many times as you need to, answer the following questions in Spanish.

1. ¿Qué muestra la unión del presente y el pasado en Asunción?

2. ¿Con qué nombre se conoce el área metropolitana de Asunción?

3. ¿De qué estilo es el Palacio de Gobierno?

4. Para hacer las compras diarias, ¿adónde vas?

5. ¿Quién trajo el arpa tradicional a Paraguay?

6. ¿Qué material usaron los paraguayos para adaptar el arpa?

7. ¿Cuántas cuerdas tiene el arpa paraguaya?

8. ¿Qué inventaron los paraguayos para el arpa paraguaya?

9. ¿Cuáles son los dos idiomas oficiales de Paraguay?

10. ¿Qué quiere decir 'Paraguay' en guaraní?

Act. 7 EXPANSIÓN

Paso 1. Pick one of the topics below for further research.

Conexiones (music):
What do you know about the Paraguayan harp?
What features distinguish it from the traditional harp?

Comparaciones:
Do you know of any other countries that have two official languages?
Try to find one and learn a little about its history and why there are two official languages.

Paso 2. Conduct a web search for information about your topic. Select two or three relevant sources.

Paso 3. Using the information you've researched, write a short **resumen** of 3–5 sentences, in Spanish, which answers the questions and reports your findings. Be prepared to present your conclusions to the class.

Cincuenta arpistas dan un concierto frente al Palacio de los López, sede del gobierno paraguayo.

perú

Océano Pacífico

© National Geographic Maps

© National Geographic Maps

INFORMACIÓN GENERAL

Nombre oficial: **República del Perú**

Nacionalidad: **peruano(a)**

Área: **1 285 216 km²** (un poco más pequeño que el estado de Alaska)

Población: **29 549 517** (2011)

Capital: **Lima** (f. 1535) (8 769 000 hab.)

Otras ciudades importantes: **Callao** (877 000 hab.), **Arequipa** (778 000 hab.), **Trujillo** (906 000 hab.)

Moneda: **nuevo sol**

Idiomas: **español** y **quechua** (oficiales), **aimara** y **otras lenguas indígenas**

DEMOGRAFÍA

Alfabetismo: 92,9%

Religiones: **católica** (81,3%), **evangélica** (12,5%), **otras** (6,2%)

PERUANOS CÉLEBRES

Mario Vargas Llosa
escritor, político (1936–), Premio Nobel de Literatura

César Vallejo
poeta (1892–1938)

Javier Pérez de Cuellar
secretario general de las Naciones Unidas (1920–)

Tania Libertad
cantante (1952–)

EN RESUMEN

1. Perú está en _____.

☐ Europa   ☐ Sudamérica
☐ El Caribe   ☐ Norteamérica
☐ Centroamérica

2. ¿Cierto o falso?

C F Machu Picchu es la 'ciudad perdida' de los incas.

C F El explorador español Vasco Nuñez de Balboa descubre Machu Picchu en 1911.

3. ¿Qué tradición, imagen o persona asocias con Perú?

El pico Machu Picchu está rodeado por edificios de la ciudad perdida de los incas.
© 2005 DAVID EVANS/National Geographic Image Collection

Top left: Monasterio de Santa Catalina, Arequipa
meunierd/Shutterstock.com

Top center: Mujer andina en las islas flotantes de los uros, en el Lago Titicaca
Hugh Sitton/Corbis

Top right: Líneas de Nazca: un geoglifo de un colibrí
George Steinmetz/Corbis

kkgas/iStockphoto.com

Vista panorámica de Machu Picchu
© National Geographic Digital Motion

Antes de ver

Machu Picchu, una ciudad de más de 500 años de antigüedad, antes se conoce como la "ciudad perdida de los incas". ¡Pero ya no está perdida! Cientos de turistas visitan la ciudad misteriosa cada día. Hay dos actitudes hacia la popularidad reciente de esta ciudad magnífica. A un lado están los peruanos que quieren más negocio y más dinero para el país. Al otro lado están los ecologistas que piensan que el turismo daña el medio ambiente. ¿Qué piensas tú? ¿Es mejor preservar Machu Picchu o modernizarla? En cualquier caso, Machu Picchu es un lugar mágico y misterioso que atrae a gente de todos los continentes.

Act. 1 ESTRATEGIA Using questions as an advance organizer
One way to prepare yourself to watch a video segment is to familiarize yourself with the questions you will answer after viewing. Look at the questions in *Comprensión*. Before you watch the video, use these questions to create a short list of the information you need to find.

EJEMPLO: Machu Picchu: ¿cuántos años de antigüedad?

1. _____

2. _____

3. _____

4. _____

5. _____

Act. 2 VOCABULARIO NUEVO
Match the English definitions with the Spanish words. Try to do it without using a dictionary. Once you have finished, go to an online Spanish dictionary which pronounces the words in Spanish and listen to each word twice.

1. la altura	**a.** *summit*
2. perdido(a)	**b.** *noise*
3. antigüedad	**c.** *steps*
4. los escalones	**d.** *serene*
5. sereno(a)	**e.** *lost*
6. ambiente	**f.** *height*
7. la actitud	**g.** *ambience*
8. el ruido	**h.** *point of view*
9. el punto de vista	**i.** *age (of monument, object)*
10. la cima	**j.** *attitude*

Ver

Act. 3 LAS FRASES

As you watch the video, circle the answer that best relates to the phrase provided.

1. Machu Picchu
   a. los incas   b. los mayas   c. los aztecas

2. las montañas donde se encuentra la 'ciudad perdida' de los incas
   a. la Sierra Nevada   b. la Sierra Madre   c. los Andes

3. el explorador que descubre Machu Picchu en 1911
   a. Hernán Cortés   b. Hiram Bingham   c. Cristóbal Colón

4. el turismo
   a. trae negocio y dinero   b. los ecologistas están a su favor   c. ayuda al medio ambiente

5. los ecologistas
   a. quieren preservar Machu Picchu   b. quieren modernizar Machu Picchu
   c. quieren que más turistas visiten Machu Picchu

Después de ver

Act. 4 ESCOGE

Pick the correct answer based on the video.

1. Machu Picchu está a 2438 metros de altura en _____.
   a. los Andes   b. la Sierra Nevada   c. las Amazonas

2. Machu Picchu tiene más de _____ años de antigüedad.
   a. 200   b. 300   c. 500

3. En 1911, el explorador _____ Hiram Bingham descubre la ciudad.
   a. peruano   b. argentino   c. estadounidense

4. Una actitud hacia la popularidad reciente de Machu Picchu es que los turistas representan más _____ y más dinero.
   a. pobreza   b. negocio   c. dificultades

5. Otro punto de vista es que _____ sufre a causa del turismo.
   a. el medio ambiente   b. la economía   c. la gente

Algunos ecologistas se preocupan por el efecto negativo del turismo en la zona de Machu Picchu.
© National Geographic Digital Motion

Act. 5 ESCRIBE

Write the correct answer in the blank.

1. Llaman a Machu Picchu la '_____ perdida' de los incas.

2. Machu Picchu se encuentra en los _____.

3. Llegar a Machu Picchu es muy _____.

4. Hoy día, _____ de turistas llegan a Machu Picchu todos los días.

5. Aguas Calientes es el _____ donde los visitantes toman los autobuses para llegar a la cima de Machu Picchu.

6. La gente de Aguas Calientes vive exclusivamente del dinero del _____.

Las comunidades que viven cerca de las ruinas se benefician económicamente del turismo.
© National Geographic Digital Motion

Act. 6 COMPRENSIÓN

After viewing the video as many times as you need to, answer the following questions in Spanish.

1. ¿A cuántos metros de altura está Machu Picchu?

2. ¿En que montañas se encuentra Machu Picchu?

3. ¿Con qué otro nombre se conoce Machu Picchu?

4. ¿Cuántos años tiene Machu Picchu?

5. ¿Quién es el explorador estadounidense que descubre Machu Picchu?

6. ¿En qué año la descubre?

7. ¿Por qué poca gente visita Machu Picchu al principio?

8. ¿Cuántos turistas visitan Machu Picchu todos los días?

9. ¿Por qué algunos peruanos quieren más turistas en Machu Picchu?

10. ¿Por qué los ecologistas quieren limitar el número de turistas que visitan Machu Picchu?

Act. 7 EXPANSIÓN

Paso 1. Pick one of the topics below for further research.

Conexiones (arqueología, culturas del mundo):
Can you find another example in archaeology of a "lost city"?

Comparaciones:
Have you ever visited an ancient site like Machu Picchu?
Or is there one you would like to visit?
Try to find an ancient site that interests you and compare it to Machu Picchu.

Paso 2. Conduct a web search for information about your topic. Select two or three relevant sources.

Paso 3. Using the information you've researched, write a short **resumen** of 3–5 sentences, in Spanish, which answers the questions and reports your findings. Be prepared to present your conclusions to the class.

Ruinas incas de Choquequirao
Gordon Wiltsie/National Geographic/Getty Images

puerto rico

Bahía de Aguadilla · Aguadilla · Arecibo · Manatí · Cataño · San Juan
· Rincón · San Sebastián · Bayamón · Carolina · Culebra
Grande de Añasco · Lares · Ciales · Guaynabo · Trujillo Alto · Fajardo
Mayagüez · Utuado · Orocovis · Caguas · Ceiba · Sonda de Vieques
· Adjuntas · San Lorenzo · Humacao · Isabel Segunda
Cabo Rojo · San Germán · Cayey · Yabucoa · Vieques
Yauco · Coamo · Patillas · Maunabo
Guánica · Ponce · Guayama
Santa Isabel · Bahía de Rincón
I. Caja de Muertos
Mar Caribe

© National Geographic Maps

© National Geographic Maps

INFORMACIÓN GENERAL

Nombre oficial: **Estado Libre Asociado de Puerto Rico**

Nacionalidad: **puertorriqueño(a)**

Área: **13.790 km²** (un poco menos de tres veces el tamaño de Rhode Island)

Población: **3 998 905** (2011)

Capital: **San Juan** (f. 1521) (2 730 000 hab.)

Otras ciudades importantes: **Ponce** (166 000 hab.), **Caguas** (143 000 hab.)

Moneda: **dólar** (estadounidense)

Idiomas: **español, inglés** (oficiales)

DEMOGRAFÍA

Alfabetismo: 94,1%

Religiones: **católica** (85%), **protestante y otras** (15%)

PUERTORRIQUEÑOS CÉLEBRES

Francisco Oller y Cestero
pintor (1833–1917)

Esmeralda Santiago
escritora (1948–   )

Rita Moreno
actriz, cantante (1931–   )

EN RESUMEN

1. Puerto Rico está en _____.

☐ Europa   ☐ Sudamérica
☐ El Caribe   ☐ Norteamérica
☐ Centroamérica

2. ¿Cierto o falso?

C F El fuerte de San Felipe del Morro en San Juan, Puerto Rico fue construido por los españoles.

C F No hay ninguna influencia africana en la cultura puertorriqueña.

3. ¿Qué tradición, imagen o persona asocias con Puerto Rico?

El agua del Caribe golpea la costa
rocosa de Humacao
© 2009 RAUL TOUZON/National
Geographic Image Collection

kkgas/iStockphoto.com

Las calles de San Juan muestran edificios coloridos.
© Cengage Learning, 2014

Antes de ver

Puerto Rico es la Isla Encantada porque ofrece muchos encantos. Con costas hacia el Atlántico y el Caribe, es ideal para actividades acuáticas, como el surf o la pesca. La historia colonial de la isla se puede ver por todas partes, en el fuerte San Felipe del Morro y en el viejo San Juan. Algunas artesanías tienen influencia africana y la comida es una delicia. Para disfrutar de esta isla bella, hay que viajar a Ponce, la segunda ciudad más grande de Puerto Rico. ¡Esta isla te va a encantar!

Act. 1 ESTRATEGIA Using visuals to aid comprehension

You can learn a lot from just looking at the visuals when you watch video. The scenes and images you see help you understand the language that you hear. Be sure to pay attention to the visuals as well as to the narration. Write down a few things you might expect to see when you hear the following words.

1. historia colonial _____

2. artesanías típicas _____

3. comida típica _____

4. actividades acuáticas _____

5. actividades al aire libre _____

Act. 2 VOCABULARIO NUEVO

Match the English definitions with the Spanish words. Try to do it without using a dictionary. Once you have finished, go to an online Spanish dictionary which pronounces the words in Spanish and listen to each word twice.

1. la muralla	**a.** *mask*
2. el fuerte	**b.** *kiosk, stand*
3. la muñeca	**c.** *fort*
4. la máscara	**d.** *syrup*
5. poderoso(a)	**e.** *(city) wall*
6. el quiosco	**f.** *doll*
7. el bacalao	**g.** *snow cone*
8. la piragua	**h.** *sunset*
9. almíbar	**i.** *powerful*
10. la puesta del sol	**j.** *cod*

Ver

Act. 3 LAS CATEGORÍAS

As you watch the video, put the following words and phrases in the correct column.

bacalao   fritura   máscaras   piragua

Catedral de la fuerte San Felipe muñecas   Plaza Las
 Guadalupe   del Morro   muralla   Delicias

edificios históricos joyería   Parque de Bombas

HISTORIA COLONIAL	ARTESANÍA	COMIDA	PONCE
_____	_____	_____	_____
_____	_____	_____	_____
_____	_____	_____	_____

Después de ver

Act. 4 ESCOGE

Pick the correct answer based on the video.

1. Puerto Rico se conoce como _____.
 a. la Isla Fuerte b. la Isla Bella c. la Isla Encantada

2. Los españoles construyeron una _____ alrededor de la ciudad
 de San Juan.
 a. muralla b. casa c. plaza

3. El fuerte San Felipe del Morro es una edificación _____.
 a. escolar b. militar c. cultural

4. Las máscaras de papel maché tienen influencia _____.
 a. africana b. española c. cubana

5. En la Playa de los Piñones, hay muchos quioscos de _____ típica.
 a. artesanía b. madera c. comida

Máscara de papel maché
© Cengage Learning, 2014

101

Act. 5 ESCRIBE

Write the correct answer in the blank.

1. La muralla que bordea San Juan es de _____ pies de altura.

2. El fuerte de San Felipe del Morro es de _____ niveles.

3. San Juan tiene una _____ colonial.

4. Ponce es la _____ ciudad más grande Puerto Rico.

5. El Parque de Bombas es una estación de _____.

6. Puerto Rico es ideal para las actividades acuáticas y _____.

Entrada al fuerte San Felipe del Morro
© Cengage Learning, 2014

Act. 6 COMPRENSIÓN

After viewing the video as many times as you need to, answer the following questions in Spanish.

1. ¿Cuál es la capital de Puerto Rico?

2. ¿Quiénes construyeron la muralla que rodea San Juan?

3. ¿Para qué construyeron el fuerte San Felipe del Morro los españoles?

4. ¿Qué influencia cultural se puede ver en las máscaras de papel maché?

5. ¿Qué es el bacalao?

6. ¿Dónde se encuentra Ponce?

7. ¿Frente a qué mar está Ponce?

8. ¿De qué colores está pintado el Parque de Bombas?

9. ¿Qué puedes admirar desde el Paseo Tablado la Guancha?

10. ¿Por qué Puerto Rico es ideal para las actividades acuáticas?

Act. 7 EXPANSIÓN

Paso 1. Pick one of the topics below for further research.

Conexiones (historia):
Find out more about Puerto Rico's colonial history and why the Spanish built a fort there.
Was its location a strategic military point?
Why did the Spanish think so?

Comparaciones:
Find out more about the papier-mâché masks that you can buy in Puerto Rico.
Is there any similar folkloric craft in your town or state?
Compare their origins.

Paso 2. Conduct a web search for information about your topic. Select two or three relevant sources.

Paso 3. Using the information you've researched, write a short **resumen** of 3–5 sentences, in Spanish, which answers the questions and reports your findings. Be prepared to present your conclusions to the class.

Máscaras de vejigantes
Walter Bibikow/Photolibrary/Getty Images

Monte Cristi • Luperón • Puerto Plata
Villa Vásquez • Imbert
Dajabón • Mao • Gaspar Hernández • Cabrera
Sabaneta • Santiago • Moca • *Bahía Escocesa* • San Francisco de Macorís
H I S P A N I O L A • La Vega • *Yuna* • Pimentel • Sánchez • Samaná
Bánica • Rincón • Cotuí • Miches
Comendador • Bonao • Monte Plata • El Seibo • El Macao
San Juan • Yamasá • Higüey
San Juan • Yayas de Viajama • Hato Mayor
Lago Enriquillo • Santo Domingo • Boca Chica • San Pedro de Macorís • La Romana
Jimaní • Neiba • Azua • Baní • *Isla Catalina*
Duvergé
Cabral • Nizao
Barahona • *Bahía de Ocoa*
Pedernales • *Isla Saona*
Oviedo
Isla Beata

Océano Atlántico
Mar Caribe

© National Geographic Maps

república dominicana

© National Geographic Maps

INFORMACIÓN GENERAL

Nombre oficial: **República Dominicana**

Nacionalidad: **dominicano(a)**

Área: **48 670 km²** (aproximadamente 2 veces el tamaño de New Hampshire)

Población: **10 088 598** (2011)

Capital: **Santo Domingo** (f. 1492) (2 138 000 hab.)

Otras ciudades importantes: **Santiago de los Caballeros** (1 972 000 hab.), **La Romana** (228 000 hab.)

Moneda: **peso** (dominicano)

Idiomas: **español** (oficial)

DEMOGRAFÍA

Alfabetismo: 87%

Religiones: **católica** (95%), **otras** (5%)

DOMINICANOS CÉLEBRES

Juan Pablo Duarte
héroe de la independencia (1813–1876)

Julia Álvarez
escritora (1950–   )

Sammy Sosa
pelotero (1968–   )

EN RESUMEN

1. La República Dominicana está en _____.

☐ Europa   ☐ Sudamérica
☐ El Caribe   ☐ Norteamérica
☐ Centroamérica

2. ¿Cierto o falso?

C F Cristóbal Colón llama "La Española" a la isla que hoy día contiene a la República Dominicana y Haití.

C F La primera catedral del Nuevo Mundo se encuentra en la República Dominicana.

3. ¿Qué tradición, imagen o persona asocias con la República Dominicana?

Paseo a caballo por las playas dominicanas
© 2011 RAUL TOUZON/National Geographic Image Collection

Top left: Carnaval en Río San Juan
Alfredo Maiquez/Lonely Planet Images/ Getty Images

Top center: Plaza Colón, Santo Domingo
© 2011 MICHAEL HANSON/National Geographic Image Collection

Top right: Venta de frutas tropicales en el Mercado Modelo de Santo Domingo
Franck Guiziou/Hemis/Corbis

Vista de Santo Domingo desde el Mar Caribe
© Cengage Learning, 2014

Antes de ver

La República Dominicana tiene un clima agradable que es ideal para las vacaciones. Mucha gente participa en actividades al aire libre, como el paseo en bote, el ciclismo y el patinaje. Las hermosas playas de Santo Domingo son perfectas para tomar el sol y relajarse. Y la historia del país en la isla que Cristóbal Colón nombró "La Española" se puede ver en las ruinas coloniales. La República Dominicana es un paraíso para el visitante.

Act. 1 ESTRATEGIA Listening for details

Knowing in advance what to listen for will help you find key information in a video's narration. Look at the comprehension questions in **Act. 6**, and write 5 key things that you will want to look for while you watch the video.

1. _____
2. _____
3. _____
4. _____
5. _____

Act. 2 VOCABULARIO NUEVO

Match the English definitions with the Spanish words. Try to do it without using a dictionary. Once you have finished, go to an online Spanish dictionary which pronounces the words in Spanish and listen to each word twice.

1. la desembocadura	**a.** *pleasant*
2. la tumba	**b.** *table game*
3. el (la) descubridor(a)	**c.** *paradise*
4. el faro	**d.** *mouth (of a river)*
5. la época	**e.** *cooking pot*
6. el patinaje	**f.** *tomb*
7. el juego de mesa	**g.** *discoverer*
8. agradable	**h.** *skating*
9. la vasija	**i.** *lighthouse*
10. el paraíso	**j.** *time period*

Ver

Act. 3 LAS FRASES

As you watch the video, circle the word or phrase that describes the cue.

1. el río Ozama
   a. la desembocadura   b. la playa

2. Cristóbal Colón
   a. beisbolista   b. descubridor

3. La Española
   a. la isla   b. el país

4. Santa María la Menor
   a. construcción moderna   b. construcción colonial

5. la artesanía
   a. fútbol, patinaje, juegos de mesa   b. collares, platos, vasijas

Después de ver

Act. 4 ESCOGE

Pick the correct answer based on the video.

1. Santo Domingo es la _____ de la República Dominicana.
   a. isla   b. Española   c. capital

2. Cristóbal Colón es el _____ del continente americano.
   a. descubridor   b. capitán   c. faro

3. Santa María la Menor es la primera _____ del Nuevo Mundo.
   a. conquista   b. catedral   c. construcción

4. El _____ es el deporte más popular del país.
   a. fútbol   b. patinaje   c. béisbol

5. Para ver las hermosas _____ de Santo Domingo, debes caminar por la Avenida del Malecón.
   a. montañas   b. playas   c. edificaciones

Una mujer y su hija dan un paseo por la Avenida del Malecón, en Santo Domingo.

© Cengage Learning, 2014

Act. 5 ESCRIBE

Write the correct answer in the blank.

1. La _____ de Cristóbal Colón está en Santo Domingo.

2. La Universidad Santo Tomás de Aquino es un ejemplo de las antiguas construcciones de la _____ colonial.

3. El _____ agradable del país es bueno para actividades al aire libre.

4. El béisbol es el _____ que más se juega en la República Dominicana.

5. Los dominicanos son muy _____.

6. En el Mercado Modelo _____ artesanía.

Partido de béisbol
© Cengage Learning, 2014

Act. 6 COMPRENSIÓN

After viewing the video as many times as you need to, answer the following questions in Spanish.

1. ¿Dondé está situada la ciudad de Santo Domingo?

2. ¿Qué nombre le dio Cristóbal Colón a la isla?

3. ¿Dónde está la tumba de Cristóbal Colón?

4. ¿En qué año fue fundada la Universidad Tomás de Aquino?

5. ¿De qué son ejemplos la Universidad Tomás de Aquino y el hospital San Nicolás de Bari?

6. ¿Puedes nombrar dos actividades que se benefician del clima agradable de la isla?

7. ¿Cuál es el deporte más popular en la isla?

8. ¿Cómo es la gente dominicana?

9. ¿Puedes nombrar dos objetos de artesanía que se venden en el Mercado Modelo?

10. ¿Por dónde es bueno caminar para ver las hermosas playas de Santo Domingo?

Act. 7 EXPANSIÓN

Paso 1. Pick one of the topics below for further research.

Conexiones (historia):
When did Christopher Columbus land in the Dominican Republic?
Why did he name the island "La Española"?
Are there any other interesting details about his 'discovery' of the island?

Comparaciones:
Find out more about the Universidad Santo Tomás Aquino.
Compare the founding of a university in your state to that of the Universidad Santo Tomás Aquino: date and subjects first offered.

Paso 2. Conduct a web search for information about your topic. Select two or three relevant sources.

Paso 3. Using the information you've researched, write a short **resumen** of 3–5 sentences, in Spanish, which answers the questions and reports your findings. Be prepared to present your conclusions to the class.

Detalle de una estatua de Cristóbal Colón
Dag Sundberg/Photographer's Choice RF/Getty Images

uruguay

© National Geographic Maps

© National Geographic Maps

INFORMACIÓN GENERAL

Nombre oficial: **República Oriental del Uruguay**

Nacionalidad: **uruguayo(a)**

Área: **176 215 km²** (casi igual al tamaño del estado de Washington)

Población: **3 316 328** (2011)

Capital: **Montevideo** (f. 1726) (1 633 000 hab.)

Otras ciudades importantes: **Salto** (100 000 hab.), **Paysandú** (77 000 hab.)

Moneda: **peso** (uruguayo)

Idiomas: **español** (oficial), **portuñol** (una mezcla de portugués y español en la frontera con Brasil)

DEMOGRAFÍA

Alfabetismo: 98%

Religiones: **católica** (48%), **protestante** (11%), **sin afiliación** (23%), **otras** (18%)

URUGUAYOS CÉLEBRES

Horacio Quiroga
escritor (1878–1937)

Mario Benedetti
escritor (1920–2009)

Delmira Agustini
poetisa (1886–1914)

EN RESUMEN

1. Uruguay está en _____.

☐ Europa ☐ Sudamérica
☐ El Caribe ☐ Norteamérica
☐ Centroamérica

2. ¿Cierto o falso?

C F La mayoría de los uruguayos son una mezcla de ascendecia indígena y europea.

C F El Estadio Centenario en Montevideo es importante en la historia de La Copa Mundial de Fútbol.

3. ¿Qué tradición, imagen o persona asocias con Uruguay?

Vista nocturna de la ciudad de Montevideo
Lucía Cóppola/iStockphoto.com

Top left: Gaucho con su caballo al atardecer, cerca del pueblo de **Artigas**
Gregg Newton/Corbis

Top center: Carne y verduras a la parrilla
© 2006 MICHAEL & JENNIFER LEWIS/ National Geographic Image Collection

Top right: Barrio histórico de Colonia del Sacramento
Jon Hicks/Corbis

Avenida 18 de Julio, Montevideo
© Cengage Learning, 2014

Antes de ver

Uruguay es un país que ofrece una excelente calidad de vida. Y en Montevideo, la capital, puedes ver por qué los uruguayos viven una vida tan agradable. Si quieres ver edificios históricos, da un paseo tranquilo por la peatonal Sarandí en la Ciudad Vieja. Y para probar comida tradicional uruguaya solo hay que ir al Mercado del Puerto, un viejo mercado de frutas, verduras y carnes donde ahora hay muchos restaurantes. Uruguay, donde se vive súper bien.

Act. 1 ESTRATEGIA Using visuals to aid comprehension

You can learn a lot from just looking at the visuals when you watch video. The scenes and images you see help you understand the language that you hear. Be sure to pay attention to the visuals as well as to the narration. What visuals do you think will accompany the following words?

1. avenida _____

2. plaza _____

3. estadio _____

4. monumento _____

5. obelisco _____

Act. 2 VOCABULARIO NUEVO

Match the English definitions with the Spanish words. Try to do it without using a dictionary. Once you have finished, go to an online Spanish dictionary which pronounces the words in Spanish and listen to each word twice.

1. la calidad de vida	**a.** *nocturnal*	
2. la mezcla	**b.** *to try*	
3. la sede	**c.** *mixture*	
4. el obelisco	**d.** *quality of life*	
5. la costa	**e.** *pedestrian walkway*	
6. bordear	**f.** *to border*	
7. nocturno(a)	**g.** *seat (of government), venue*	
8. la peatonal	**h.** *coastline*	
9. probar	**i.** *vendor stand or stall*	
10. el puesto	**j.** *obelisk (stone pillar)*	

Ver

As you watch the video, circle the word or phrase that describes the cue.

1. la mayoría de los uruguayos

a. de ascendencia europea   b. de ascendencia indígena

2. la Avenida 18 de Julio

a. una calle pequeña   b. una avenida principal

3. el Estadio Centenario

a. la Copa Mundial de Fútbol   b. los Juegos Olímpicos

4. el Río de la Plata

a. la costa uruguaya   b. la peatonal Sarandí

5. Ciudad Vieja

a. el área más moderna de Montevideo   b. el área más antigua de Montevideo

Después de ver

Act. 4 ESCOGE

Pick the correct answer based on the video.

1. Montevideo tiene una _____ calidad de vida.

a. europea   b. antigua   c. excelente

2. Hay mucha influencia _____ en la arquitectura de Montevideo.

a. europea   b. urbana   c. indígena

3. La 18 de Julio es el nombre de _____.

a. un barrio   b. una avenida   c. un parque

4. El _____ Centenario es importante en la historia del fútbol.

a. Barrio   b. Estadio   c. Obelisco

5. En la Plaza Independencia, hay _____ al General José Artigas.

a. un barrio   b. un estadio   c. un monumento

Montevideo tiene edificios tanto antiguos como modernos.

© Cengage Learning, 2014

Act. 5 ESCRIBE

Write the correct answer in the blank.

1. El Palacio Legislativo es un ejemplo de la influencia europea en la _____ de Montevideo.

2. La Avenida 18 de Julio _____ en la Plaza Independencia y termina en el barrio Tres Cruces.

3. El Parque Rodó tiene una zona de _____ infantiles.

4. El _____ Centenario se construyó para la Copa Mundial de Fútbol de 1930.

5. La Ciudad Vieja es el _____ nocturno de la ciudad.

6. El General José Artigas es una figura importante en la _____ de la independencia uruguaya.

A orillas del Río de la Plata, la gente toma el sol en la costa uruguaya.
© Cengage Learning, 2014

Act. 6 COMPRENSIÓN

After viewing the video as many times as you need to, answer the following questions in Spanish.

1. ¿De qué ascendencia son la mayoría de los uruguayos?

2. ¿De qué ascendencia son el resto de los uruguayos?

3. ¿Cómo se llama la avenida principal de Montevideo?

4. ¿Qué clase de parque tiene el Parque Rodó?

5. ¿Por qué es el Estadio Centenario importante en la historia del fútbol?

6. ¿Cómo se llama el barrio más antiguo de Montevideo?

7. ¿Quién es el General José Artigas?

8. Para gozar de las atracciones de La Ciudad Vieja, ¿por dónde hay que caminar?

9. ¿Cuál es la especialidad de la comida uruguaya?

10. ¿Qué ofrece Montevideo que es excepcional?

Act. 7 EXPANSIÓN

Paso 1. Pick one of the topics below for further research.

Conexiones (historia):
Find out the importance of the date "18 de julio" in Uruguayan history. How does that date relate to the "Obelisco a los Constituyentes de 1830"?

Comparaciones:
El Estado Centenario was built specifically for the World Cup of 1930. Are there any stadiums or buildings in your state (or a neighboring one) built specifically for a world event? Try to find one.

Paso 2. Conduct a web search for information about your topic. Select two or three relevant sources.

Paso 3. Using the information you've researched, write a short **resumen** of 3–5 sentences, in Spanish, which answers the questions and reports your findings. Be prepared to present your conclusions to the class.

Obelisco a los Constituyentes sobre la Avenida 18 de Julio, en el barrio Tres Cruces
Walter Bibikow/age fotostock/Getty Images

© National Geographic Maps

© National Geographic Maps

venezuela

INFORMACIÓN GENERAL

Nombre oficial: **República Bolivariana de Venezuela**

Nacionalidad: **venezolano(a)**

Área: **912 050 km²** (2800 km de costas) (aproximadamente 2 veces el tamaño de California)

Población: **28 047 938** (2011)

Capital: **Caracas** (f. 1567) (3 051 000 hab.)

Otras ciudades importantes: **Maracaibo** (2 153 000 hab.), **Valencia** (1 738 000 hab.), **Maracay** (1 040 000 hab.)

Moneda: **bolívar**

Idiomas: **español** (oficial), **lenguas indígenas** (araucano, caribe, guajiro)

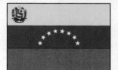

DEMOGRAFÍA

Alfabetismo: 93%

Religiones: **católica** (96%), **protestante** (2%), **otras** (2%)

VENEZOLANOS CÉLEBRES

Simón Bolívar
libertador (1783–1830)

Rómulo Gallegos
escritor (1884–1969)

Andrés Eloy Blanco
escritor (1897–1955)

EN RESUMEN

1. Venezuela está en _____.

☐ Europa   ☐ Sudamérica
☐ El Caribe   ☐ Norteamérica
☐ Centroamérica

2. ¿Cierto o falso?

C F El lugar más antiguo en toda la Tierra se encuentra en Venezuela.

C F El tepuy Roraima es parte de un supercontinente de 200 millones de años.

3. ¿Qué tradición, imagen o persona asocias con Venezuela?

Caballo en los Andes venezolanos
© 2006 DAVID EVANS/National
Geographic Image Collection

Top left: Vista panorámica de

Top center: Corocoro en un

Top right: Monte Roraima

Meseta rodeada de nubes
Vadim Petrakov/Shutterstock.com

Nicholas Monu/iStockphoto.com

kkgas/iStockphoto.com

Antes de ver

¿Cuál es el lugar más antiguo en toda la Tierra? El tepuy Roraima en el Parque Nacional Canaima de Venezuela es un mundo perdido, con plantas y animales que no existen en ningún otro sitio del planeta. Viajar a Roraima es como entrar al mundo prehistórico donde vivieron los dinosaurios. En la selva más remota de Sudamérica, el tepuy Roraima se conoce por su belleza y su misterio. Haz el viaje a este gran tepuy que contiene vestigios de hace 200 millones de años.

Act. 1 ESTRATEGIA Using background knowledge to anticipate content

If you have a rough idea of the content of a video segment, you can predict what other information it might contain. Gather some information about the following topics before you watch the video. Write down one or two phrases that explain what you've learned.

1. el tepuy Roraima _____

2. el Parque Nacional Canaima _____

3. Gondwana _____

4. los tiempos prehistóricos _____

Act. 2 VOCABULARIO NUEVO

Match the English definitions with the Spanish words. Try to do it without using a dictionary. Once you have finished, go to an online Spanish dictionary which pronounces the words in Spanish and listen to each word twice.

1. perdido(a)	**a.** *trace, remnant*
2. la frontera	**b.** *landmass*
3. el tepuy	**c.** *lost*
4. la meseta de arenisca	**d.** *quartz*
5. a medida que	**e.** *border*
6. la masa de tierra	**f.** *sandstone plateau*
7. el vestigio	**g.** *legend*
8. el cuarzo	**h.** *as*
9. la leyenda	**i.** *tabletop mountain*
10. el trozo	**j.** *a piece, fragment*

Ver

Act. 3 LAS FRASES

As you watch the video, circle the word or phrase that describes the cue.

1. el tepuy Roraima

   a. el lugar más antiguo en la Tierra   b. el lugar más nuevo en la Tierra

2. la frontera entre Brasil, Guyana y Venezuela

   a. el tepuy Roraima   b. el río Orinoco

3. Gondwana

   a. una selva remota   b. un supercontinente prehistórico

4. Madre de Todas las Aguas

   a. nombre de Roraima   b. nombre de una cascada

5. planta insectívora

   a. planta que no come insectos   b. planta que come insectos

Después de ver

Act. 4 ESCOGE

Pick the correct answer based on the video.

1. El lugar más antiguo en toda la Tierra es _____.

   a. Venezuela   b. Gondwana   c. el tepuy Roraima

2. El tepuy Roraima marca la frontera entre Venezuela, _____.

   a. Brasil y Guyana   b. Colombia y Brasil   c. Perú y Ecuador

3. Los tepuyes son _____ del supercontinente Gondwana.

   a. selvas   b. vestigios   c. cascadas

4. Roraima se conoce como Madre de Todas las Aguas por sus _____.

   a. cascadas y ríos   b. lagos y océanos   c. lluvias

5. Una _____ indígena dice que Roraima es el origen de toda la vida.

   a. planta   b. tierra   c. leyenda

Las mesetas venezolanas estan cubiertas por una gran variedad de plantas.

Vadim Petrakov/Shutterstock.com

Act. 5 ESCRIBE

Write the correct answer in the blank.

1. El tepuy Roraima se encuentra en la _____ más remota de Sudamérica.

2. El tepuy es una _____ en forma de meseta.

3. La erosión del viento y las _____ fragmentaron la masa de tierra.

4. Los tepuyes datan de casi dos _____ de años atrás.

5. El tepuy contiene _____, como el cuarzo.

6. Una leyenda indígena dice que toda clase de _____, plantas y hasta los seres humanos se originaron en Roraima.

Formaciones rocosas en el tepuy
Vladimir Melnik/iStockphoto.com

Act. 6 COMPRENSIÓN

After viewing the video as many times as you need to, answer the following questions in Spanish.

1. ¿Cuál es el lugar más antiguo de toda la Tierra?

2. ¿Qué fronteras marca el tepuy Roraima?

3. ¿Qué es un tepuy?

4. ¿Por qué las formaciones rocosas de Roraima fascinan a los científicos?

5. ¿Cómo se llama el supercontinente de donde viene Roraima?

6. ¿Por qué se conoce a Roraima como "Madre de Todas las Aguas"?

7. ¿Qué comen las plantas insectívoras para conseguir los nutrientes que necesitan?

8. ¿Cuál es un mineral que se encuentra en Roraima?

9. ¿Qué dice la leyenda indígena pemón sobre Roraima?

10. ¿Qué tiempos recuerda el tepuy Roraima?

Act. 7 EXPANSIÓN

Paso 1. Pick one of the topics below for further research.

Conexiones (ciencias):
Find out about a plant or animal that is found only on Roraima.
What is interesting about that plant or animal?

Conexiones (literatura):
Find out about Sir Arthur Conan Doyle's 1912 novel, *The Lost World,* and how Roraima inspired it.

Comparaciones:
Do you know of any place in the United States that evokes the same feeling of mystery and magic that Roraima does?
Investigate one and explain why.

Paso 2. Conduct a web search for information about your topic. Select two or three relevant sources.

Paso 3. Using the information you've researched, write a short **resumen** of 3–5 sentences, in Spanish, which answers the questions and reports your findings. Be prepared to present your conclusions to the class.

Sapo escalando un arbusto en Ciudad Bolívar
Ch'ien Lee/Minden Pictures/Corbis

latinos en EE.UU.

© National Geographic Maps

© National Geographic Maps

INFORMACIÓN GENERAL

Nombre oficial: **Estados Unidos de América**

Nacionalidad: **estadounidense**

Área: **9 826 675 km²** (aproximadamente el tamaño de China o 3 veces y media el tamaño de Argentina)

Población: **313 847 465** (2011) (aproximadamente el 16% son latinos)

Capital: **Washington, D.C.** (f. 1791) (4 421 000 hab.)

Otras ciudades importantes: **Nueva York** (19 300 000 hab.), **Los Ángeles** (12 675 000 hab.), **Chicago** (9 134 000 hab.), **Miami** (5 699 000 hab.)

Moneda: **dólar** (estadounidense)

Idiomas: **inglés, español y otros**

DEMOGRAFÍA

Alfabetismo: 99%

Religiones: **protestante** (51,3%), **católica** (23,9%), **mormona** (1,7%), **judía** (1,7%), **budista** (0,7%), **musulmana** (0,6%), **otras** (14%), **sin afiliación** (4%)

LATINOS CÉLEBRES DE LOS ESTADOS UNIDOS

Ellen Ochoa
astronauta (1958–)

Edward James Olmos
actor (1947–)

César Chávez
activista a favor de los derechos de los trabajadores (1927–1993)

Sonia Sotomayor
juez de la Corte Suprema (1954–)

EN RESUMEN

1. Tres ciudades de EE.UU. donde viven muchos hispanohablantes son _____.

☐ San Antonio, Texas
☐ Sioux Rapids, Iowa
☐ Miami, Florida
☐ Billings, Montana
☐ Nueva York, NY

2. ¿Cierto o falso?

C F El Álamo es una misión española en Miami, Florida.

C F La famosa Calle Ocho es una calle comercial en San Antonio.

3. ¿Qué tradición, imagen o persona asocias con los latinos en EE.UU.?

Vista aérea de la ciudad de
Nueva York
© 2010 ALISON WRIGHT/National
Geographic Image Collection

Top left: Celebración del Cinco de
Mayo en Los Ángeles
Nik Wheeler/Corbis

Top center: Paseo del Río,
San Antonio
Bob Stefko/The Image Bank/
Getty Images

Top right: Desfile de la herencia
puertorriqueña en Nueva York
© 2004 TINO SORIANO/National
Geographic Image Collection

kkgas/iStockphoto.com

Nicholas Monu/iStockphoto.com

Fachada bilingüe en la Gran Manzana
© Cengage Learning, 2014

Antes de ver

Hay grupos hispanos de todas las nacionalidades en los Estados Unidos. En ciertas ciudades, como San Antonio, Miami y Nueva York, la presencia hispana es especialmente robusta. La influencia mexicoamericana en San Antonio se puede ver en el Paseo del Río, el Mercado y los muchos barrios mexicanos de la ciudad. En Miami, la Pequeña Habana es donde la comunidad y el comercio cubanoamericano florece. Y en Nueva York, los puertorriqueños, dominicanos, mexicanos y centroamericanos han incorporado su cultura en la Gran Manzana.

Act. 1 ESTRATEGIA Viewing a segment several times

When you hear authentic Spanish, it may sound very fast. Remember that you don't have to understand everything and that, with video, you have the opportunity to replay. The first time you view the segment, listen for the general idea. The second time, listen for details. Before you watch the video, write down what Hispanic groups you think are an important presence in the following cities.

1. San Antonio, Texas _____

2. Miami, Florida _____

3. New York, New York _____

Act. 2 VOCABULARIO NUEVO

Match the English definitions with the Spanish words. Try to do it without using a dictionary. Once you have finished, go to an online Spanish dictionary which pronounces the words in Spanish and listen to each word twice.

1. cruzar	**a.** *flavor, taste*
2. el puente	**b.** *to cross*
3. la sombra	**c.** *home*
4. el sabor	**d.** *to love*
5. el desarrollo	**e.** *shade*
6. querido(a)	**f.** *business*
7. el ambiente	**g.** *bridge*
8. el hogar	**h.** *environment, atmosphere, ambience*
9. domar	**i.** *media*
10. el medio de comunicación	**j.** *development*
11. el negocio	**k.** *beloved*
12. amar	**l.** *to tame*

Ver

Act. 3 LAS FRASES

As you watch the video, circle the word or phrase that describes the cue.

1. **San Antonio**
   a. ciudad de Texas   b. ciudad de la Florida

2. **El Mercado**
   a. mercado mexicano más grande de EE.UU.   b. mercado mexicano más pequeño de EE.UU.

3. **Miami**
   a. clima de invierno   b. clima de verano

4. **la Pequeña Habana**
   a. centro cubanoamericano   b. centro mexicoamericano

5. **Nueva York**
   a. más gente que en ninguna otra ciudad de los EE.UU.
   b. menos gente que en ninguna otra ciudad de los EE.UU.

6. **Nueva York**
   a. menos puertorriqueños que en San Juan   b. más puertorriqueños que en San Juan

Después de ver

Act. 4 ESCOGE

Pick the correct answer based on the video.

1. **San Antonio está a doscientos cincuenta kilómetros de la frontera _____.**
   a. canadiense   b. mexicana   c. centroamericana

2. **Puedes tomar _____ para pasearte por el Río San Antonio.**
   a. un bote   b. un avión   c. un carro

3. **La mayoría de la población hispana en Miami es de origen _____.**
   a. mexicana   b. puertorriqueño   c. cubano

4. **La famosa Calle Ocho es la calle _____ de la Pequeña Habana.**
   a. residencial   b. industrial   c. comercial

5. **Los puertorriqueños tienen una larga historia con _____.**
   a. San Antonio.   b. Miami   c. Nueva York

6. **La influencia de los hispanos en Nueva York se puede ver en _____.**
   a. los medios de comunicación en español   b. el Parque Central   c. la Quinta Avenida

Es notable la presencia de prensa en español en Nueva York.
© Cengage Learning, 2014

125

Act. 5 ESCRIBE

Write the correct answer in the blank.

1. La influencia _____ en San Antonio le da un sabor latino a la ciudad.

2. Las tradiciones de los mexicanos en San Antonio se pueden ver en _____.

3. La comunidad _____ vive y juega en la Pequeña Habana.

4. Otros grupos hispanos, como los salvadoreños, los _____ y los nicaragüenses, viven en Miami.

5. Desde el siglo XIX, los _____ vienen a Nueva York.

6. Otros grupos hispanos, como los _____, los mexicanos y los colombianos, ahora viven en Nueva York.

Hombres jugando al dominó en Miami
© Cengage Learning, 2014

Act. 6 COMPRENSIÓN

After viewing the video as many times as you need to, answer the following questions in Spanish.

1. ¿Qué ciudad en Texas tiene una influencia mexicoamericana?

2. ¿A cuántos kilómetros está San Antonio de la frontera mexicana?

3. ¿Qué hay en San Antonio que es el más grande de los Estados Unidos?

4. ¿Qué clase de comida puedes comer en el Versailles?

5. ¿Cuál es la tradición cubana que se juega en el parque Máximo Gómez?

6. ¿Cómo se llama la famosa calle en la Pequeña Habana?

7. ¿Qué grupo hispano tiene una larga historia con Nueva York?

8. ¿Desde qué siglo van los puertorriqueños a Nueva York?

9. ¿En qué dos áreas se ven la importancia hispana en la vida económica de Nueva York?

10. Nombra tres ciudades estadounidenses que tienen mucha presencia hispana.

Act. 7 EXPANSIÓN

Paso 1. Pick one of the topics below for further research.

Conexiones (historia):
Look into the history of one of the Hispanic groups mentioned in the video. Is there a
U.S. city where this group has a notable presence? If so, which city is it?
What made them migrate there?

Comparaciones:
Find a city near you that has a large Hispanic population. Find out one or two important
things (economic, cultural, artistic) that was a result of that group's presence in that city.

Paso 2. Conduct a web search for information about your topic. Select two or three
relevant sources.

Paso 3. Using the information you've researched, write a short **resumen** of 3–5 sentences,
in Spanish, which answers the questions and reports your findings. Be prepared to
present your conclusions to the class.

Venta de comida cubana en Miami
Tony Savino/Sygma/Corbis